essentials

Essentials liefern aktuelles Wissen in konzentrierter Form. Die Essenz dessen, worauf es als „State-of-the-Art" in der gegenwärtigen Fachdiskussion oder in der Praxis ankommt. *Essentials* informieren schnell, unkompliziert und verständlich

- als Einführung in ein aktuelles Thema aus Ihrem Fachgebiet
- als Einstieg in ein für Sie noch unbekanntes Themenfeld
- als Einblick, um zum Thema mitreden zu können

Die Bücher in elektronischer und gedruckter Form bringen das Fachwissen von Springerautor*innen kompakt zur Darstellung. Sie sind besonders für die Nutzung als eBook auf Tablet-PCs, eBook-Readern und Smartphones geeignet. *Essentials* sind Wissensbausteine aus den Wirtschafts-, Sozial- und Geisteswissenschaften, aus Technik und Naturwissenschaften sowie aus Medizin, Psychologie und Gesundheitsberufen. Von renommierten Autor*innen aller Springer-Verlagsmarken.

Nils Kiene · Thomas Schnell

Somatische Belastungsstörung

Eine Einführung

Nils Kiene
Walsrode, Deutschland

Thomas Schnell
Medical School Hamburg
Hamburg, Deutschland

ISSN 2197-6708 ISSN 2197-6716 (electronic)
essentials
ISBN 978-3-662-73378-3 ISBN 978-3-662-73379-0 (eBook)
https://doi.org/10.1007/978-3-662-73379-0

Die Deutsche Nationalbibliothek verzeichnet diese Publikation in der Deutschen Nationalbibliografie; detaillierte bibliografische Daten sind im Internet über https://portal.dnb.de abrufbar.

Planung/Lektorat: Heiko Sawczuk
Springer ist ein Imprint der eingetragenen Gesellschaft Springer-Verlag GmbH, DE und ist ein Teil von Springer Nature.
Die Anschrift der Gesellschaft ist: Heidelberger Platz 3, 14197 Berlin, Germany

Wenn Sie dieses Produkt entsorgen, geben Sie das Papier bitte zum Recycling.

Was Sie in diesem *essential* finden können

- Eine allgemeine Einführung zur Beschreibung des Störungsbildes der Somatischen Belastungsstörung (SBS), veranschaulicht durch ein kurzes Fallbeispiel.
- Ein Überblick über die Konzeptentwicklung der SBS, die sich aus diversen Vorläuferdiagnosen etabliert hat. Aus konzeptioneller Kritik heraus ist das neue Störungsbild entstanden.
- Es werden die diagnostischen Kriterien der Störung entsprechend der aktuellen Diagnosesysteme (DSM-5 und ICD-11) dargestellt.
- Differenzialdiagnostik und typische Komorbiditäten werden diskutiert.
- Ätiologische Erklärungsansätze zur Entstehung der Störung werden anhand der biopsychosozialen Perspektive präsentiert.
- Epidemiologische Besonderheiten werden vorgestellt.
- Therapeutische evidenzbasierte Ansätze schließen das Essential ab.

Inhaltsverzeichnis

Abkürzungsverzeichnis

ACT	Akzeptanz und Commitment Therapie
AWMF	Arbeitsgemeinschaft der Wissenschaftlichen Medizinischen Fachgesellschaften
BDD	Bodily Distress Disorder
BDS	Bodily Distress Syndrome
GAS	Generalisierte Angststörung
HPA	Hypothalamus-Hypophysen-Nebennierenrinden-Achse
KDS	Körperdysmorphe Störung
KVT	Kognitive Verhaltenstherapie
MBCT	Mindfulness-Based Cognitive Therapy
MBSR	Mindfulness-Based Stress Reduction
PHQ-15	Patient Health Questionnaire 15
PTBS	Posttraumatische Belastungsstörung
RIFD	funktionelle somatische Störungen
SBS	somatische Belastungsstörung
SCID-5	Structured Clinical Interview for DSM-5
SSD	Somatic Symptom Disorder
SSRI	Selektive Serotonin-Wiederaufnahmehemmer
WHO	Weltgesundheitsorganisation

Tabellenverzeichnis

Einführung und Fallbeispiel 1

Die somatische Belastungsstörung (SBS), die im Englischen als Bodily Distress Disorder (BDD) oder Somatic Symptom Disorder (SSD) bezeichnet wird, geht mit einer übermäßigen mentalen Belastung durch körperliche Symptome und einer permanenten psychologischen Auseinandersetzung mit diesen körperlichen Symptomen einher (im Folgenden wird übrigens die Abkürzung SBS verwendet, gemeinsam für die weiter unten genannten diagnostischen Konzepte der Somatischen Belastungsstörung nach dem amerikanischen Klassifikationssystem DSM-5 und der ICD-11 der Weltgesundheitsorganisation). Die Diagnose ist in den aktuellen Diagnosesystemen neu eingeführt worden und löst die Vorläuferkonzepte, die somatoformen Störungen, ab. Wesentliche Neuerung ist, dass nicht mehr im Vordergrund steht, ob die körperlichen Symptome medizinisch erklärbar sind. Bei den somatoformen Störungen war dezidiert gefordert, dass eine somatische medizinische Erklärung der Symptome nicht zu identifizieren ist. Stattdessen geht es nun bei der neuen Konzeption um den Umgang der Person mit der Symptomatik und den Grad ihres Leidensdrucks. Entscheidend sind somit übermäßige psychische Reaktionen auf die Beschwerden, z. B.:

- ständige Sorge, dass die Symptome schlimmer werden oder lebensbedrohlich sind
- anhaltend hohe Angst vor Krankheit
- übermäßige Zeit und Energie, die auf die Symptome oder die Gesundheit verwendet wird

N. Kiene, T. Schnell, *Somatische Belastungsstörung*, essentials,
https://doi.org/10.1007/978-3-662-73379-0_1

Während bei der Konzeption der somatoformen Störungen die körperliche Erklärung für die körperliche Symptomatik fehlte, schließt eine solche Erklärung die neue Diagnose einer somatischen Belastungsstörung nicht aus.

- Die körperliche Ursache kann also real und medizinisch belegbar sein
- Trotzdem kann eine zusätzliche psychische Belastung bestehen, die den Umgang mit der Krankheit stark erschwert
- Entscheidend für die Diagnose ist, dass die psychische Reaktion unverhältnismäßig stark ausgeprägt ist, gemessen am tatsächlichen medizinischen Zustand

Kritiker des Konzepts postulieren, dass diese neue Störungsdefinition zu weit gefasst ist. Denn diese könnte dazu führen, dass Personen mit starken Sorgen oder Ängsten wegen einer realen, schweren körperlichen Krankheit theoretisch als psychisch krank gelten könnten. Körperlich kranke Menschen könnten durch diese neue Diagnose folglich zu Unrecht mit einer psychiatrischen Diagnose stigmatisiert werden.

Dem kann jedoch entgegengehalten werden, dass Psychiater und Psychotherapeuten nicht einfach so Diagnosen stellen. Voraussetzung ist immer der subjektive Leidensdruck und der Wunsch nach Behandlung. Diejenigen Menschen, die für die Diagnose einer SBS infrage kommen, haben üblicherweise eine lange Leidensgeschichte hinter sich und verdienen es, dass ihnen ein Behandlungsangebot unterbreitet wird. Bei sehr vielen dieser Menschen dürfte zudem eine hinreichende medizinische Erklärung für ihre körperliche Symptomatik fehlen. Denn laut Untersuchungen klagen bis zu 33 % der Primärversorgungspatienten über funktionelle, medizinisch nicht erklärbare Beschwerden (Haller et al. 2015). Das stellt unsere Hausärzte vor ein erhebliches Problem. Denn konkret bedeutet dies, dass jede dritte Person in der Hausarztpraxis körperliche Symptome präsentiert, für die keine echte medizinische Erklärung gefunden wird.

Die somatische Belastungsstörung stellt die öffentlichen Gesundheitssysteme damit vor erhebliche Herausforderungen. Es entstehen hohe Kosten durch Überdiagnostik, teilweise wenig wirksame Behandlungen und Chronifizierungen. Dies ist in der Häufigkeit der Erkrankung und der oft nicht erfolgenden erforderlichen Versorgung begründet. Viele der Patienten suchen stets erneut ärztliche Hilfe, allerdings ohne klare Diagnostik oder Besserung ihrer Symptome (Barsky et al. 2005; Haller et al. 2015; Henningsen et al. 2007; Schäfert et al. 2021). Dieses problematische Verhalten vieler Patienten wird auch als Doctor Shopping (oder Ärztehopping) bezeichnet. Wenige Personen (Patienten) binden damit viele Fachkräfte (Ärzte) in ihre Probleme ein.

Bei der neuen Konzeption der SBS ist allerdings zu erwarten, dass dieses Ärztehopping in reduzierterem Maße stattfindet, als es im Kontext der Vorläuferdiagnose, der somatoformen Störungen, der Fall war. Denn das Konzept der somatoformen Störung hat ein Ärztehopping geradezu befördert. Somatoforme Störungen waren Negativdiagnosen. Wenn eine medizinische Erklärung nicht gefunden wird, dann konnte diese Diagnose in Betracht gezogen werden. Das ist aber für Betroffene nicht befriedigend, und das Doctor Shopping nachvollziehbar. Denn wer möchte sich schon damit zufriedengeben, dass klar lokalisierbare somatische Symptome existieren, und es wird einfach keine Diagnose dafür gefunden im Sinne einer medizinischen Erklärung? Eine Krankheit, die dadurch definiert ist, dass etwas fehlt, führt zu Akzeptanzproblemen.

Bei der Diskussion um die Neukonzeption der Klassifikationssysteme psychischer Störungen war man sich daher schnell einig, dass es positive Diagnosekriterien unter Einbezug von psychologischen und Verhaltenscharakteristika braucht, um die Akzeptanz der Diagnosen bei Betroffenen zu fördern.

Die neue SBS ist explizit keine Negativdiagnose mehr, sodass der Fokus auf einer eindeutigen psychischen und verhaltensbasierten Symptomatik liegt und auch das Behandlungsangebot für Betroffene nachvollziehbar darauf fokussiert. Die Not, endlich doch den richtigen Arzt mit hinreichender Expertise zu finden, ist bei der SBS folglich geringer als zuvor bei der somatoformen Störung.

▶ **Diagnostische Negativ- versus Positivkriterien** Das diagnostische Konzept der somatoformen Störungen war eine Negativdiagnose: Entscheidend war das Fehlen einer medizinischen Erklärung für die körperliche Symptomatik. Das führte unter Betroffenen zu Akzeptanzproblemen.

Die Diagnose wurde ersetzt durch die SBS, bei der nicht das Fehlen einer medizinischen Erklärung, sondern das Vorhandensein eines unangemessenen Umgangs mit der Symptomatik und Leidensdruck zentral ist. Damit sollte die Akzeptanz der Diagnose erhöht werden.

Zusammengefasst ist die Somatische Belastungsstörung also eine psychiatrische Diagnose, die eingeführt wurde, um Menschen zu beschreiben, die übermäßige Sorgen oder Ängste hinsichtlich körperlicher Symptome haben, auch dann, wenn es eine medizinische Erklärung für diese Symptome gibt. Dieser letztere Aspekt hat jedoch einige Kritik erzeugt. Kritiker befürchten insbesondere, dass durch die neue Diagnose zu viele körperlich kranke Menschen fälschlicherweise als psychisch krank eingestuft werden könnten. Zudem wird befürchtet, dass echte körperliche Krankheiten übersehen werden könnten, wenn Ärzte zu schnell an eine psychische Ursache glauben (Frances 2013). Die Befürworter des Konzepts betonen, dass es dadurch möglich wurde, sich von der sogenannten Negativdiagnostik zu verabschieden, indem der Fokus weggelenkt wurde von der Abwesenheit hinreichender medizinischer Erklärungen für die körperliche Symptomatik, und hingelenkt wurde zu der entscheidenden psychologischen und verhaltensbasierten Komponente der Störung.

Fallbeispiel

Ein 21-jähriger Mann litt seit drei Jahren unter anhaltenden körperlichen Beschwerden in Form von Pollakisurie, also häufigem Wasserlassen ohne physiologische Ursache. Der Patient musste bis zu 30-mal täglich die Toilette aufsuchen, um zu urinieren. Dazwischen lagen höchstens 15 min, bis der Drang zu Urinieren erneut auftrat. Die Symptomatik bestand nur am Tag, der Nachtschlaf war nicht beeinträchtigt.

Trotz wiederholter und umfassender medizinischer Diagnostik, darunter mehrere urologische Untersuchungen wie Urinanalysen und bildgebende Verfahren, konnte keine organische Ursache festgestellt werden. Der Patient suchte im Laufe der Jahre zahlreiche medizinische Fachkräfte auf, ohne dass eine befriedigende Erklärung für seine Symptome gefunden wurde.

Neben den körperlichen Symptomen zeigten sich bei dem Patienten vermehrt depressive Verstimmungen und Angstsymptome, insbesondere starke Krankheitsängste. Eine Kindheitsanamnese wies darauf hin, dass der Patient emotional durchgehend Vernachlässigung erlebte, was als mögliche Vulnerabilität für die Symptomatik gedeutet wurde. Denn in Situationen emotionaler Belastungen konnte der Patient seine Gefühle nur schlecht wahrnehmen, entwickelte aber intermittierend weitere somatische Symptome. Bei hohem Stress kamen unspezifische Schmerzsensationen hinzu, die in der Magenregion verortet wurden. Kognitiv war der Patient überzeugt, schwer krank zu sein, seine Symptome wertete er entsprechend als Beweise dafür.

Die Kriterien für eine Somatische Belastungsstörung wurden von Therapeuten als erfüllt angesehen. Es gab anhaltende körperliche Symptome, die das tägliche Leben erheblich beeinträchtigten, eine übermäßige gedankliche Beschäftigung mit den Symptomen und starkes emotionales Leid. Es bestand eine immense Einengung auf das Thema Krankheit, sodass sich Freunde und Bekannte allmählich von dem Patienten distanzierten, da sie die Kontakte zunehmend als unerfreulich erlebten.

Die Therapie erfolgte multimodal mit einem selektiven Serotonin-Wiederaufnahmehemmer (SSRI) und kognitiver Verhaltenstherapie, in deren Rahmen u. a. das Krankheitsmodell sowie dysfunktionale Gedankenmuster über körperliche Symptome bearbeitet wurden. Ferner lernte der Patient Distanzierungstechniken und Strategien der Aufmerksamkeitslenkung. Im Therapieverlauf zeigte sich über eine Langzeittherapie hinweg eine signifikante Besserung der Symptomatik.

Beschreibung der Somatischen Belastungsstörung 2

2.1 Symptomatik

Die Somatische Belastungsstörung kennzeichnet sich durch die Präsenz körperlicher Symptome, die für die Person außergewöhnlich belastend sind und auf die eine immense Aufmerksamkeit gerichtet wird. Eine typische Folge davon auf der Verhaltensebene kann sein, dass wiederholtes Aufsuchen von Gesundheitsdienstleistern erfolgt. Hinsichtlich der Frage, wie viele Symptome wie lange für die Diagnosestellung präsent sein müssen, unterscheiden sich beide relevanten aktuellen Diagnosesysteme (siehe dazu unter „Klassifikation und Diagnostik“).

Typischerweise können bei einer SBS mehrere körperliche Symptome beteiligt sein, die im Laufe der Zeit oft wechseln können, oft multifokal und unspezifisch scheinen, was dazu führt, dass die Diagnostik erschwert wird. Zu den häufigsten körperlichen Beschwerden gehören gastrointestinale Symptome wie Bauchschmerzen, Übelkeit, Blähungen oder Durchfall, die oft im Rahmen funktioneller Störungen wie dem Reizdarmsyndrom auftreten (Fink & Schröder 2010). Herz-Kreislauf-Symptome wie Herzklopfen, Schwindel oder eine Beklemmung in der Brust sind ebenfalls weit verbreitet. Bevor die Diagnose der SBS im DSM-5 konzipiert und eingeführt wurde, wurden, wenn eine organische Ätiologie nicht gefunden werden konnte, entsprechende Beschwerdebilder als Ausschlussdiagnose den somatoformen Störungen zugeschrieben. In der aktuellen Konzeption ist der Punkt, ob eine organische Ursache den Beschwerden und dem Verhalten zugrunde liegt, nicht mehr entscheidend (siehe Kap. 3.1) (D'Souza & Hooten 2023; APA 2013)

Zu den zentralen Leitsymptomen, die als besonders belastend gelten, zählen andauernde Schmerzen, beispielsweise in Rücken, Kopf, Gelenken oder Muskeln (Toussaint et al. 2020), oder anhaltende Müdigkeit und Erschöpfung im Sinne

N. Kiene, T. Schnell, *Somatische Belastungsstörung*, essentials,
https://doi.org/10.1007/978-3-662-73379-0_2

einer Fatigue. Ebenso treten Atembeschwerden wie das Gefühl von Kurzatmigkeit ohne feststellbare pulmonale Ursache häufig auf und sind oft mit psychischer Belastung oder Angst verknüpft (Henningsen et al. 2007; Kroenke 2003).

Häufig fehlt eine organische Erklärung der Symptome. Wenn jedoch eine andere Erkrankung die Symptome erklärt oder zu ihnen beiträgt, so ist dies kein Ausschluss für die Diagnose der somatischen Belastungsstörung. Allerdings sollte dann das Ausmaß der Aufmerksamkeit in Relation zur Art und zur Entwicklung der Symptome eindeutig übermäßig sein. Die übermäßige Aufmerksamkeit lässt sich durch klinische Untersuchungen und Rückversicherung nicht nachhaltig lindern. Ein zentrales psychologisches Merkmal der somatischen Belastungsstörung ist neben der erheblichen Aufmerksamkeit auf die körperliche Symptomatik der immense Leidensdruck, dem die Betroffenen in Zusammenhang mit ihren körperlichen Beschwerden ausgesetzt sind (Schneider et al. 2016). Dieser Leidensdruck entsteht zunächst einmal relativ unabhängig davon, ob es gelingt, eine medizinische Ursache für die Symptome zu finden. Er findet seinen Ausdruck in anhaltender Sorge um die eigene Gesundheit (APA 2013). Doch insbesondere wenn keine objektivierbaren organischen Befunde vorliegen, können Betroffene ihre Symptome als besonders bedrohlich erleben (Böhme et al. 2019). Dies wird bei vielen Patienten durch Krankheitsängste, ausgeprägtes Schonverhalten sowie häufige Arztbesuche begleitet, was den Leidensdruck zusätzlich verstärkt und die Aufrechterhaltung der Symptomatik begünstigen kann (Henningsen et al. 2007).

Neben der ausgeprägten Aufmerksamkeit auf die Symptome und dem resultierenden Leidensdruck gibt es bei einer SBS weitere relevante psychologische Prozesse, die zur Entstehung und Aufrechterhaltung der Symptomatik beitragen:

So ist die Somatische Belastungsstörung durch kognitive Verzerrungen gekennzeichnet, die eine zentrale Rolle in der Entstehung und Aufrechterhaltung der Erkrankung spielen. Typisch sind katastrophisierende Gedanken, bei denen körperliche Symptome übermäßig bedrohlich interpretiert werden. So wird ein harmloses Herzstolpern sofort als lebensbedrohlich interpretiert („mein Herzstolpern bedeutet, dass ich bald sterben werde“) (Rief & Martin 2014).

Auch die selektive Aufmerksamkeit spielt eine große Rolle: Die Betroffenen richten die Wahrnehmung auf körperliche Vorgänge, sodass normale Körperempfindungen als Anzeichen einer schweren Erkrankung gedeutet werden (Henningsen et al. 2007; Limburg et al. 2016). Hinzu kommt oft ein negativer Attributionsstil. Auftretende Symptome werden ausschließlich körperlichen Ursachen zugeschrieben, während psychosoziale Faktoren weitgehend ausgeblendet werden. Ein Beispiel wäre die Annahme: „Ich habe Schmerzen, also muss etwas mit meinem Körper nicht stimmen“ (Rief et al. 1998).

Die beschriebenen psychologischen Muster führen dazu, dass die Beschwerden anhalten oder stärker werden. Die kognitiven Verzerrungen verstärken auch die subjektive Belastung und erschweren eine realistische Einschätzung der eigenen Gesundheit. Studien zeigen, dass gezielte psychotherapeutische Interventionen, die auf die Modifikation dieser verzerrten Denkweisen abzielen, die Symptomlast deutlich verringern können (Liu et al. 2019).

Neben Leidensdruck und kognitiven Verzerrungen zeigen viele Patienten mit SBS emotionale Begleitsymptome wie Angst, Depression und Ärger. Diese Emotionen können wiederum die körperlichen Symptome verstärken und einen Teufelskreis aus Symptomverstärkung und psychischer Belastung erzeugen (Henningsen et al. 2007). Die emotionale Dysregulation spielt insbesondere dann eine Rolle, wenn körperliche Beschwerden als unkontrollierbar und bedrohlich erlebt werden, was Gefühle von Ohnmacht und Resignation fördert (Rief & Martin 2014).

Abschließend gibt es noch einen letzten relevanten Aspekt, der darüber entscheidet, ob die Symptomatik als hinreichend krankheitswertig betrachtet werden kann, um eine entsprechende Diagnose zu stellen. So sollten die Symptome, die damit verbundenen Belastungen und die gedankliche Fixierung sich zumindest in gewissem Maße auf die Funktionsfähigkeit der Person auswirken (z. B. Belastung in Beziehungen, schlechteres Funktionieren im Ausbildungs- oder beruflichen Bereich, Verzicht auf bestimmte Freizeitaktivitäten) (Dimsdale 2014).

2.2 Komorbide Störungen

Die somatische Belastungsstörung tritt selten isoliert auf. Vielmehr zeigt sich in zahlreichen Studien eine hohe Komorbidität mit anderen psychischen und somatischen Erkrankungen, was Diagnostik, Verlauf und Therapie erheblich erschweren kann.

Emotionale Störungen, Angststörungen und somatoforme Störungen sind die am häufigsten auftretenden Begleiterkrankungen. Die meisten Patienten leiden während der Krankheit unter depressiven Symptomen oder einer deutlichen depressiven Episode. Ungefähr 40–60 % der Betroffenen entwickeln im Verlauf der Störung eine komorbide depressive Störung (Smakowski et al. 2024). Ferner sind die generalisierte Angststörung und die Panikstörung häufige Komorbiditäten. Die fortwährende Besorgnis über die Gesundheit des eigenen Körpers kann zu permanent präsentem sorgenvoll-ängstlichem Grübeln führen, was wiederum die Wahrnehmung von Symptomen verstärkt (Rief & Martin 2014). Bei einer geringeren Anzahl von Patienten sind Anzeichen für traumatische Erlebnisse zu finden. Die Art und Intensität der körperlichen Symptomwahrnehmung werden auch von der

Posttraumatischen Belastungsstörung (PTBS) beeinflusst (Andreski et al. 1998). Auch andere funktionelle Syndrome wie Reizdarmsyndrom, Fibromyalgie oder chronisches Erschöpfungssyndrom sind oft miteinander verbunden (Barsky & Borus 1999; Fink & Schröder 2010).

Durch psychische Komorbiditäten erhöht sich die subjektive Belastung, verschlechtert sich die Prognose und die Behandlung wird erschwert, da sie komplexe therapeutische Ansätze erfordern (Löwe et al. 2008).

Bei Patienten mit SBS kommen neben psychischen Erkrankungen auch oft tatsächliche körperliche Erkrankungen vor wie chronische Schmerzen (Rückenschmerzen, Kopfschmerzen), Magen-Darm-Erkrankungen (z. B. Reizdarmsyndrom), kardiovaskuläre Erkrankungen (z. B. funktionelle Herzbeschwerden ohne organischen Befund) und Stoffwechselstörungen (z. B. Diabetes mellitus mit psychosomatischer Belastung).

Die Feststellung einer somatischen Belastungsstörung kann die Existenz tatsächlicher körperlicher Erkrankungen nicht ausschließen. Psychische und somatische Symptome sind oft miteinander verknüpft und beeinflussen sich gegenseitig (APA 2013; Dimsdale et al. 2014).

Es kann schwierig sein, die primäre Störung zu identifizieren und die jeweiligen Anteile psychischer und körperlicher Faktoren am Symptomgeschehen zu gewichten. Eine schlechte Prognose und ein chronischer Verlauf sind mit mehreren Komorbiditäten verbunden (Löwe et al. 2022).

Es wird derzeit als Standard empfohlen, einen interdisziplinären Ansatz zu verfolgen, der psychiatrische und somatische Diagnostik, psychotherapeutische und ggf. psychopharmakologische Therapien miteinander verbindet (APA 2013).

▶ **Komorbidität bei SBS als Regel statt als Ausnahme** Da die SBS Schnittmengen zu diversen anderen psychischen Störungen aufweist, z. B. häufig mit depressivem Grübeln und ängstlichem sich Sorgen einhergeht, treten solche Störungen häufig komorbid auf. Singuläre SBS sind dabei eher die Ausnahme. Komorbidität ist eher die Regel. Dies erfordert entsprechend komplexe therapeutische Antworten, die multimodal gedacht werden sollten.

Klassifikation und Diagnostik 3

3.1 Historische Entwicklung der Klassifikation von somatoformen Störungen zu den Somatischen Belastungsstörungen

Die Diagnosekonzepte für die heutige Somatische Belastungsstörung haben sich im Laufe der Jahrzehnte stark gewandelt bzw. sind Teil einer langen Entwicklungsgeschichte. Im DSM-IV (dem Vorläufersystem des heutigen amerikanischen DSM-5) und der ICD-10 (dem Vorläufersystem der heutigen europäischen ICD-11) existierten noch die Konzepte der sogenannten somatoformen Störungen (mit Unterkategorien wie der Somatisierungsstörung, der undifferenzierten somatoformen Störung, der Hypochondrie, der somatoformen Schmerzstörung). Zentral für diese Konzepte und Anstoß ständiger Kritik war die Bezeichnung *„medizinisch nicht erklärbar"*, die als Voraussetzung dafür betrachtet wurde, diagnostisch in diese Richtung zu denken. *„Medizinisch nicht erklärbar"* war gegenüber betroffenen Patienten extrem schwer plausibel zu kommunizieren, ohne dass diese befürchteten, ihr Arzt habe einfach nicht richtig untersucht, oder er ist vielleicht schlicht nicht Experte genug, um die Symptomatik verstehen zu können. So lag implizit in der Luft, lieber nochmal zu einem anderen Fachmann, „einem echten Experten", zu gehen.

N. Kiene, T. Schnell, *Somatische Belastungsstörung*, essentials,
https://doi.org/10.1007/978-3-662-73379-0_3

Das DSM-5 fasste die Diagnosen, die den somatoformen Störungen zugeordnet waren, unter dem Begriff Somatic Symptom Disorder (SSD) zusammen (APA 2013; Dimsdale et al. 2014). Damit wurde 2013 ein Paradigmenwechsel eingeleitet. Im Gegensatz zu früher liegt der Fokus nicht mehr auf der fehlenden medizinischen Erklärung, sondern auf dem Ausmaß des psychischen Leidens und der funktionellen Beeinträchtigung (Rief & Martin 2014).

Parallel dazu wurde im ICD-11 das Konzept der Bodily Distress Disorder (BDD) eingeführt. Diese Diagnose ähnelt inhaltlich der SSD und betont ebenso die übermäßige mentale Fokussierung auf körperliche Beschwerden, die durch medizinische Untersuchungen und Aufklärung nicht ausreichend kompensiert werden kann (Fink & Schröder 2010).

Diese beiden diagnostischen Konzepte (aus ICD-11 und DSM-5) repräsentieren die Somatische Belastungsstörung und basieren auf dem Konzept des Bodily Distress Syndrome (BDS) von Fink und Schröder (2010). Der Begriff des Syndroms zeigt, dass es sich dabei nicht um ein echtes diagnostisches Konzept handelt, sondern eben um ein Syndrom im Sinne einer überzufällig häufig auftretenden Kombination verschiedener Symptome. Das BDS wurde auf Grundlage empirischer Untersuchungen entwickelt, um eine einheitliche Klassifikation sogenannter funktioneller Phänomene zu schaffen. Es konnte gezeigt werden, dass BDS über 95 % der Fälle von Fibromyalgie, Reizdarmsyndrom, chronischem Erschöpfungssyndrom u. a. abdeckt (Fink & Schröder 2010) (Tab. 3.1).

Die wohl bedeutsamste Veränderung von den somatoformen Störungen hin zu den Konzepten für die SBS dürfte in der Abschaffung der Bezeichnung „medizinisch nicht erklärbar" liegen. Denn damit stand implizit im Raum, dass die richtige Erklärung einfach noch nicht gefunden wurde. Davon haben sich die Nachfolgekonzepte allesamt befreit, und den Fokus stärker auf die überzogene psychologische Reaktion auf die körperlichen Symptome gelegt, konkret auf das Erleben von mentalem Stress. Dennoch sind damit nicht alle Probleme gelöst. Denn es ist nicht einfach zu definieren, ab wann eine Beschäftigung mit dem Thema Gesundheit versus Krankheit überzogen ist. Ab wann also Krankheitssorgen nicht mehr funktional sind und stattdessen eine Diagnose rechtfertigen.

Tab. 3.1 → BDS → BDD/SSD Zusammenfassung der Konzeptentwicklungen von somatoformen Störungen

Zeitraum	System	Diagnosebegriff	Hauptmerkmale	Beziehung zu BDS
ICD-10 (1992)	WHO	**Somatoforme Störungen**	• Körperliche Symptome ohne ausreichende organische Ursache • Betonung des Ausschlusskriteriums („medizinisch nicht erklärbar“)	✗ Kein Bezug zu BDS (älter)
DSM-IV (1994)	APA	**Somatoforme Störungen**	Gleicher Ansatz wie ICD-10: somatische Symptome ohne medizinische Erklärung	✗ Kein Bezug zu BDS
BDS (Bodily Distress Syndrome, ab ca. 2007)	Fink et al. (Dänemark)	**Bodily Distress Syndrome**	• Mehrere körperliche Symptome aus verschiedenen Organsystemen • Keine Trennung „psychisch vs. körperlich“ • Betonung eines übergreifenden Distress-Konzepts	🧭 Eigenständiges, aber zukunftsweisendes Modell
DSM-5 (2013)	APA	**Somatic Symptom Disorder (SSD)** = *Somatische Belastungsstörung (SBS)*	• Körperliche Symptome (mit oder ohne medizinische Ursache) • Übermäßige Gedanken, Sorgen oder Verhaltensweisen im Umgang damit • Fokus auf psychische Reaktion	◆ Parallele Entwicklung; ähnliches Ziel, aber stärker psychologisch orientiert
ICD-11 (2022)	WHO	**Bodily Distress Disorder (BDD)**	• Anhaltende körperliche Symptome mit klinisch signifikanter Belastung • Starke inhaltliche Nähe zu BDS • Ersetzt „Somatoforme Störungen“	✅ BDS als direkter konzeptioneller Vorläufer

(Vgl. ICD-10, WHO 1992; DSM-IV, American Psychiatric Association 1994; Fink & Schröder 2010; ICD-11, WHO 2019; DSM-V, American Psychiatric Association 2013)

3.2 SBS in den aktuellen Klassifikationssystemen ICD-11 und DSM-5

In der ICD-10 der WHO wurde die somatoforme Störung unter der Kategorie F45 eingeordnet und umfasste Unterformen wie die Somatisierungsstörung, hypochondrische Störung oder somatoforme autonome Funktionsstörung. Im Mittelpunkt der Diagnostik stand das Fehlen einer organischen Ursache und die Zahl der vorliegenden körperlichen Symptome, was in der Praxis häufig zur Stigmatisierung führte und die Kommunikation zwischen medizinischem und psychologischem Fachpersonal erschwerte (Dimsdale et al. 2013; Rief & Martin 2014, WHO 1992).

- Die ICD-11 führte eine systematische Überarbeitung der Diagnose durch. Die bisherige Einteilung wird durch den neuen Ausdruck „Bodily Distress Disorder (BDD)" ersetzt (zu Deutsch: Somatische Belastungsstörung, SBS). Der Schwerpunkt liegt jetzt nicht mehr auf der Anzahl der physischen Symptome und der fehlenden medizinischen Erklärbarkeit, sondern auf der übermäßigen Auseinandersetzung mit diesen Symptomen, die zu erheblichem Leidensdruck oder Einschränkungen der Funktionalität führt (WHO 2019). Für die Diagnose ist somit eine physische Symptomatik erforderlich, die zu stark negativ interpretiert wird. Typischerweise soll es sich nach ICD-11 um mehrere körperliche Symptome handeln, die im Verlauf der Zeit variieren können. Gelegentlich liegt der Fokus auch nur auf einem einzelnen Symptom (so wie es auch im DSM-5 beschrieben ist), dann ist das Symptom meist Schmerz oder Erschöpfung im Sinne einer Fatigue.
  Die übermäßige Aufmerksamkeit wird auf die Symptome gerichtet, was sich in Folgendem äußern kann:
  - Anhaltende Beschäftigung mit der Schwere der Symptome oder ihren negativen Folgen.
  - Bei Personen mit einer bekannten medizinischen Erkrankung, die die Symptome verursacht oder dazu beiträgt, ist das Ausmaß der Aufmerksamkeit deutlich übermäßig im Verhältnis zur Art und Schwere der Erkrankung.
  - Wiederholte Arztkontakte wegen der körperlichen Symptome, die deutlich über das medizinisch Notwendige hinausgehen.
  - Übermäßige Aufmerksamkeit gegenüber den körperlichen Symptomen besteht fort, obwohl eine angemessene klinische Untersuchung und Diagnostik erfolgt ist oder die behandelnden Fachkräfte beruhigende Erklärungen gegeben haben.

Die körperlichen Symptome sind anhaltend, das heißt, einige Symptome treten an den meisten Tagen über einen Zeitraum von mindestens mehreren Monaten (z. B. 3 Monate oder länger) auf. Die Symptome sowie die damit verbundene Belastung und gedankliche Beschäftigung führen zu einer erheblichen Beeinträchtigung im persönlichen, familiären, sozialen, schulischen, beruflichen oder anderen wichtigen Lebensbereichen. Die Symptome oder die damit verbundene Belastung und Beschäftigung lassen sich nicht besser durch eine andere psychische Störung erklären (z. B. Schizophrenie oder andere primäre psychotische Störung, affektive Störung oder Angststörung).

- Auch die Kategorie der „Somatic Symptom Disorder (SSD)" im DSM-5 wurde neu bewertet (zu Deutsch: Somatische Belastungsstörung, SBS). Entsprechend der ICD-11 steht die psychische Reaktion auf körperliche Beschwerden im Vordergrund und nicht deren objektive medizinische Erklärung. Das DSM-5 unterstreicht sehr deutlich die kognitiven, affektiven und behavioralen Symptome, wie übermäßige Ängste oder Zeitaufwand im Zusammenhang mit den Beschwerden (American Psychiatric Association 2013; Rief & Martin 2014). Im DSM-5 ist das Hauptkriterium die übermäßige und unangemessene kognitive, affektive oder verhaltensbezogene Reaktion auf mindestens ein körperliches Symptom, das mindestens 6 Monate andauert (APA 2013; Hiller & Rief 2014). Begleitet wird dies von Symptomen wie übermäßiger Sorge, Angst oder überproportionalem Zeitaufwand (Tab. 3.2).

Die konzeptuelle Verschiebung der Diagnose Somatische Belastungsstörung gegenüber ihren Vorläuferdiagnosen mit Fokus auf die psychische Verarbeitung und den damit verbundenen Leidensdruck soll eine höhere klinische Nützlichkeit und Reduktion von Stigmatisierung bewirken (Rief & Martin 2014). Indem nicht mehr impliziert ist, dass die richtige medizinische Erklärung womöglich durch einen echten Experten noch gefunden wird, kann Akzeptanz bei Betroffenen gefördert werden, und ein Ärzte-Hopping reduziert werden.

Fazit Die ICD-11 scheint insgesamt etwas strengere Diagnosekriterien zu definieren als das DSM-5, was möglicherweise mit unterschiedlichen Prävalenzzahlen einhergehen wird. Das wird die Zukunft zeigen, denn noch ist das ICD-11-Konzept nicht in klinischer Anwendung.

Tab. 3.2 Gegenüberstellung der Konzepte in DSM-5 versus ICD-11

Merkmal	Somatische Belastungsstörung – DSM-5	Somatische Belastungsstörung – ICD-11
Einführung	DSM-5 (2013)	ICD-11 (2022)
Zentrales Kriterium	Übermäßige Gedanken, Gefühle oder Verhaltensweisen in Bezug auf körperliche Symptome (psychische Reaktion im Vordergrund)	Anhaltende körperliche Beschwerden begleitet von übermäßiger Aufmerksamkeit oder Sorge um diese Beschwerden
Rolle körperlicher Ursachen	Eine körperliche Ursache kann vorhanden sein oder fehlen. Dasspielt für die Diagnose keine entscheidende Rolle	Ebenfalls nicht ausschlaggebend, aber die Beschwerden müssen medizinisch ausreichend untersucht worden sein
Fokus der Diagnose	Psychologische Reaktion auf Symptome (z. B. Angst, Sorge, exzessives Verhalten)	Kombination aus körperlicher Symptomatik + übermäßiger psychischer Belastung (etwas stärker symptomorientiert als DSM-5)
Diagnosevoraussetzung	Mindestens ein belastendes körperliches Symptom + eines der psychologischen Kriterien (z. B. übermäßige Angst, Sorgen, Verhaltensänderungen)	Anhaltende, meist mehrere variierende körperliche Symptome und übermäßige Aufmerksamkeit/Sorge gegenüber diesen Symptomen
Dauer	In der Regel >6 Monate	In der Regel mehrere Monate (ähnlich, aber flexibler gehandhabt)
Beispiele für Symptome	Schmerzen, Müdigkeit, Atemnot etc.	Gleiche Beispiele, oft mehrere Systeme betroffen (z. B. Verdauung, Herz-Kreislauf, Muskeln)
Abgrenzung zu somatoformen Störungen (ICD-10)	Stärkere Betonung der psychischen Reaktion statt der „Unerklärbarkeit" Keine „Negativdiagnose"	Ebenfalls Abkehr vom „unerklärlich"-Kriterium, aber stärker am Körperlichen orientiert Keine „Negativdiagnose"
Kritik	Gefahr der Überpathologisierung normaler Sorgen über körperliche Beschwerden	Etwas engere Definition, daher geringere Gefahr der Überdiagnose

(Vgl. ICD-11, WHO 2019; DSM-V, APA 2013)

3.3 Welche somatoformen Störungen aus der ICD-10 werden zu einer somatischen Belastungsstörung?

Wie zuvor dargelegt, ersetzt die neue Diagnose der somatischen Belastungsstörung die ehemaligen somatoformen Störungen. Doch nicht alle Störungen, die in ICD-10 und DSM-IV als somatoforme Störungen geführt sind, werden in das neue Konstrukt integriert. Darüber hinaus unterscheiden sich die ICD-11 und das DSM-5 in diesem Aspekt.

Die Somatisierungsstörung, die somatoforme autonome Funktionsstörung und die anhaltende somatoforme Schmerzstörung werden integriert in die somatische Belastungsstörung. Die hypochondrische Störung und die körperdysmorphe Störung stellen jedoch Besonderheiten dar. Während die ICD-11 beide Störungen in ein ganz anderes Kapitel verschiebt, nämlich zu den sogenannten Zwangsspektrumsstörungen, sieht das im DSM-5 ganz anders aus. Die körperdysmorphe Störung wird zwar ebenso bei den Zwangsspektrumsstörungen untergebracht, die Hypochondrie jedoch wird mit dem Übergang vom DSM-IV zum DSM-5 (APA 2013) teilweise bei der Somatischen Belastungsstörung eingeordnet. Teilweise, da dies nur für Menschen mit hypochondrischen Ängsten gilt, die neben den Ängsten zudem somatische Beschwerden aufweisen. Das sind immerhin ca. 80 % aller Betroffener mit hypochondrischen Ängsten. Bei fehlenden oder nur minimalen körperlichen Symptomen, wie es bei den restlichen 20 % der Betroffenen der Fall ist, wird die Störung bei den sogenannten „verwandten Störungen" der somatischen Belastungsstörung eingeordnet (als Krankheitsangststörung).

Der primäre Unterschied zwischen ICD-11 und DSM-5 liegt also in der Frage, ob die Hypochondrie eher dem Zwangsspektrum oder dem Spektrum somatischer Belastungsstörungen zuzuordnen ist.

Beispiel zweier Betroffener mit Krankheitsängsten, die jeweils nach DSM-5 und nach ICD-11 diagnostiziert werden

Anna hat starke Schmerzen im Unterleib und hat enorme Angst davor, Krebs zu haben. Ärztliche Untersuchungen konnten keinen Befund identifizieren. Dennoch kommen die Befürchtungen immer wieder hoch und erzeugen starkes Leid. Jürgen hingegen hat zwar keine körperlichen Symptome, aber da in seiner Verwandtschaft viele Menschen an Krebs verstorben sind, ist er sich ziemlich sicher, dass auch er von Krebs betroffen ist. Medizinische Untersuchungen haben keinen Befund identifiziert. Nach DSM-5 wird bei Menschen mit Krankheitsängsten, sofern keine körperlichen Symptome bestehen, nicht die Diagnose der somatischen Belastungsstörung gestellt, sondern die Diagnose Krankheitsangststörung, die als verwandte Störung der somatischen Belastungsstörung in demselben Kapitel aufgeführt ist. Bei Jürgen ist das der Fall. Nach ICD-11 wird Jürgen ebenso mit der Diagnose Krankheitsangststörung diagnostiziert. Allerdings ist diese in der ICD-11 im Kapitel der Zwangsspektrumsstörungen verortet. Menschen mit Krankheitsängsten werden nach DSM-5 der somatischen Belastungsstörung zugeordnet, wenn mindestens ein körperliches Symptom vorliegt. Bei Anna ist dies wiederum der Fall. Nach ICD-11 dagegen reicht die Symptomatik noch nicht aus, um eine somatische Belastungsstörung zu diagnostizieren. Auch Anna wird hier mit Krankheitsangststörung diagnostiziert. Die Abgrenzung ist dennoch schwierig. Bei Krankheitsangststörung soll der Fokus stärker auf die Sorgen bezüglich einer körperlichen schweren Diagnose gerichtet sein, während bei SBS die Wahrnehmung stärker auf die körperliche Symptomatik selbst fokussiert ist. ◀

3.4 Differenzialdiagnostik zur Somatischen Belastungsstörung nach ICD-11

Nicht immer ist die diagnostische Zuordnung psychischer Störungen eindeutig. Neben differenzialdiagnostischen Überlegungen ist immer auch möglich, dass Störungen komorbid auftreten. Bei psychischen Störungen ist dies sogar eher die Regel als eine Ausnahme (Schnell 2014).

▶ **Differenzialdiagnostik oder Komorbidität?** Neben der Frage, ob eine Somatische Belastungsstörung (SBS) oder eine andere psychische Störung die Psychopathologie einer Person am besten abbildet, sollte immer auch in Betracht gezogen werden, ob möglicherweise beide Störungen komorbid vorliegen. Also bspw. ob jemand eine SBS und eine Depression hat, statt eine SBS oder eine Depression hat.

Nachfolgend werden einige der wichtigsten differenzialdiagnostischen Störungen zur SBS diskutiert, obschon eindeutig Forschungsbedarf besteht, um diese Störungen wirklich valide voneinander abgrenzen zu können (Dimsdale et al. 2014).

Hypochondrische Störung/Krankheitsangststörung
Krankheitsängste haben mit dem Konzept der SBS einiges gemeinsam. Daher ist die differenzialdiagnostische Abgrenzung entsprechend schwer. Am deutlichsten

wird die Gemeinsamkeit beider Störungskonzepte darin, dass im amerikanischen System diejenigen Menschen mit Hypochondrie und körperlichen Symptomen den Somatischen Belastungsstörungen zugeordnet werden. Die verbleibenden Menschen mit Hypochondrie ohne körperliche Symptome sind als Krankheitsängste den verwandten Störungen der SBS untergeordnet. Nach ICD-11 werden Krankheitsängste anders klassifiziert. Hier sind sie aufgrund von Ähnlichkeiten mit der Zwangsstörung dem Zwangsspektrum zugeordnet und nicht den SBS. Hier stellt sich also die differenzialdiagnostische Frage, ob die Krankheitsängste im Sinne der Zwangsspektrumsstörungen einzuordnen sind, oder ob das Konzept der SBS besser passt.

Bei Krankheitsangst und bei SBS ist die Beschäftigung mit Gesundheit/Krankheit zentral. Bei der SBS sind die körperlichen Symptome jedoch klarer im Fokus der Aufmerksamkeit, während bei der Krankheitsangst die Sorgen vor schweren Erkrankungen eher zentral sind, unabhängig davon, ob körperliche Symptome vorliegen oder nicht. Dennoch bleibt die Zuordnung bei Menschen mit Krankheitsangst plus körperlichen Symptomen schwierig und kann bei verschiedenen Diagnostikern leicht zu unterschiedlichen Zuordnungen führen.

Depressive Störungen

SBS geht oft mit depressiven Symptomen wie Niedergeschlagenheit und Grübeln einher. Umgekehrt sind somatische Beschwerden wie Müdigkeit, Schlafstörungen, Appetitverlust typische Begleiterscheinungen der Depression. Als differenzialdiagnostisch relevantes Merkmal kann herangezogen werden, dass bei einer SBS die körperlichen Symptome nicht an die Präsenz depressiver Symptome gekoppelt sind. Bei einer Depression dagegen remittieren die körperlichen Symptome mit der Reduktion der Depression. Zudem ist das depressive und sorgenvolle Grübeln bei Menschen mit Depression deutlich generalisierter ausgestaltet. Betroffene grübeln über viele verschiedene Dinge, während bei einer SBS ein klarerer thematischer Fokus zu sehen ist. Aber dennoch muss bei vorliegender SBS geklärt werden, ob eine Depression möglicherweise komorbid vorliegt. Denn eine sekundäre (reaktiv auftretende) depressive Entwicklung ist bei einer SBS nicht unwahrscheinlich.

Angststörungen (z. B. Panikstörung)

Eine SBS geht üblicherweise mit Angstgefühlen und einem ängstlichen „sich Sorgen" einher. Im Fall einer Panikstörung führt umgekehrt die Panik zu diversen körperlichen Symptomen. Hinsichtlich der differenzialdiagnostischen Abgrenzung (SBS versus Panikstörung) geht es, vergleichbar wie bei der Differenzialdiagnostik

SBS versus Depression, um die Frage nach der Beziehung zwischen den Syndromen: Führen körperliche Symptome zu Angst oder erzeugt Angst körperliche Symptome?

Besonders schwierig wird es differenzialdiagnostisch, wenn zwei komorbide Störungen besser durch eine andere Störung erklärt werden könnten. Eine SBS und komorbide Depression kann bspw. zu sorgenvollem Grübeln bzw. sich Sorgen führen, welches thematisch nicht nur auf körperliche Symptome beschränkt ist. Hier kann dann differenzialdiagnostisch über eine generalisierte Angststörung (GAS) nachgedacht werden. Eine mögliche Unterscheidung ist, dass bei GAS-Betroffenen der Fokus nicht so stark auf die eigene Person gerichtet ist, wie es oft bei Depression und bei SBS der Fall ist. Bei GAS drehen sich die Sorgen oft deutlicher um nahe Angehörige und Freunde.

Zwangsstörung

Das wiederholte Auftreten von körperbezogenen negativen Gedanken und nachfolgende Verhaltensweisen wie Checkingverhalten (wiederholtes Überprüfen des eigenen Körpers) oder krankheitsbezogenes Recherchieren kann aussehen wie Zwangsgedanken und neutralisierende Zwangshandlungen bei einer Zwangsstörung. Die Zwangshandlungen folgen jedoch einem deutlich ritualisierterem Muster, als es bei einer SBS zu erwarten wäre.

Körperdysmorphe Störung (KDS)

Bei einer KDS steht auch der eigene Körper im Fokus von eines extremen sorgenvollen Grübeln. Im Unterschied zu einer SBS ist jedoch die Fixierung auf die äußere Erscheinung hin ausgerichtet, nicht auf körperliche Symptome wie Schmerzen oder Missempfindungen.

Zusammenfassend wird die differenzialdiagnostische Einordnung bei einer SBS insbesondere durch das oft gleichzeitige Auftreten von Angst- und depressiven Symptomen erschwert (Löwe et al. 2008). Zusätzlich kann die Beschäftigung mit der zentralen Thematik bei einer SBS zwanghaft anmuten, sodass die wichtigsten differenzialdiagnostischen Überlegungen im Spektrum der Ängste, Zwänge und affektiven Störungen verortet sind.

Kulturelle Faktoren spielen ebenso eine Rolle, da somatische Ausdrucksformen psychischen Leids in einigen Kulturen öfter vorkommen, was zu falschen Diagnosen führen kann (Lewis-Fernández et al. 2014).

3.5 Diagnostische Instrumente: Fragebögen und Interviews

Für die somatische Belastungsstörung (SBS/Somatic Symptom Disorder) gibt es keinen einzelnen „Goldstandard-Test“, sondern eine Kombination aus klinischer Diagnostik, strukturierten Interviews und Fragebögen. Viele der Instrumente beziehen sich noch auf die Vorläuferdiagnosen der somatischen Belastungsstörung, d. h. auf die somatoformen Störungen. Diese werden nachfolgend nicht referiert, da es sich hier um Diagnosen handelt, die künftig keine Bedeutung mehr haben werden.

Zentral ist jedoch, wie immer in der psychiatrischen Diagnostik, die klinische Exploration. Diese wird durch keinen Fragebogen ersetzt.

▶ **Fragebögen in der psychiatrischen Diagnostik** In Psychiatrie und Psychotherapie machen wir keine Fragebogendiagnostik. Fragebögen und strukturierte Interviews können ergänzend eingesetzt werden, um die klinische Exploration zu unterstützen. Aber ein Fragebogen macht noch lange keine Diagnose.

Folgende Instrumente können die klinische Exploration unterstützen:

Das Strukturiertes Klinisches Interview für DSM-5 (SCID-5) enthält neben allen anderen relevanten Diagnosen auch ein Modul zur „Somatic Symptom Disorder“. Es hat eine hohe diagnostische Reliabilität und orientiert sich in Form eines Interviews an den klinischen Kriterien des DSM-5.

Der PHQ-15 (Patient Health Questionnaire – Somatic Symptom Severity Scale) ist ein Selbstbeurteilungs-Fragebogen, mit dem der Schweregrad von körperlichen Symptomen bewertet wird. Er umfasst 15 Fragen, die körperliche Beschwerden wie Bauchschmerzen, Rückenschmerzen, Kopfschmerzen oder Müdigkeit erfragen. Es geht um die Information, wie oft diese Symptome auftreten und wie stark sie das tägliche Leben beeinflussen.

Die Somatic Symptom Disorder – B Criteria Scale (SSD-12) erfasst kognitiv-affektive Reaktionen auf körperliche Symptome. Sie ist ein Fragebogen zur Selbsteinschätzung, der entwickelt wurde, um die psychologischen Aspekte der somatischen Belastungsstörung gemäß DSM-5 zu erfassen. Sie umfasst 12 Fragen, die kognitive, emotionale und verhaltensbezogene Dimensionen der Störung messen. Jede Frage wird auf einer Skala von 0 (niemals) bis 4 (sehr oft) bewertet, wodurch ein Gesamtscore von 0 bis 48 möglich ist.

Die SSD-12 wird häufig in klinischen und wissenschaftlichen Kontexten verwendet, um Gedanken, Gefühle und Verhaltensweisen im Zusammenhang mit somatischen Symptomen zu analysieren. Sie hat eine hohe Zuverlässigkeit und Validität und ist ein wertvolles Instrument zur Identifikation und zum Verständnis somatischer Belastungsstörungen.

Ätiologie 4

Für die somatischen Belastungsstörungen ergibt sich ätiologisch ein hypothetisches multifaktorielles bio-psycho-soziales Modell. Hypothetisch, weil wir bei eigentlich allen psychischen Störungen die Ursachen nicht kennen. Wir sehen aber gewisse Zusammenhänge zwischen den Störungsbildern und biologischen Faktoren, psychologischen Faktoren und Umweltfaktoren. Es wird davon ausgegangen, dass eine genetische Vulnerabilität besteht, die aber das Auftreten der Störung nicht hinreichend erklärt. Daher wird von zusätzlichen Einflussfaktoren ausgegangen, die bei vorhandener Vulnerabilität zum Ausbruch der Störung beitragen, indem sie gemeinsam die Schwelle für die Wahrnehmung körperlicher Symptome senken und katastrophisierende Bewertungen fördern. Daraus folgt ein Teufelskreis aus Symptomfokussierung, Angst, Schonverhalten und weiteren funktionellen Einschränkungen (Budtz-Lilly et al. 2015).

Ansonsten lassen sich die Erklärungsmodelle den verschiedenen Schulen oder Perspektiven in der Psychologie/Psychiatrie zuordnen:

4.1 Biologische Perspektive

▶ **Wichtig: Der Beginn der Störung ist ein biologisches Symptom** Die Somatische Belastungsstörung beginnt mit einer spürbaren körperlichen Veränderung, d. h. einer somatischen Symptomatik. Für die Kommunikation mit Betroffenen ist es essenziell, dies zu validieren, auch wenn es möglicherweise keinen identifizierbaren medizinischen Befund dafür gibt.

N. Kiene, T. Schnell, *Somatische Belastungsstörung*, essentials,
https://doi.org/10.1007/978-3-662-73379-0_4

Ansonsten ist die biologische Befundlage recht spärlich:

Hinweise auf genetische Komponenten liefern Zwillingsstudien, die erhöhte Konkordanz bei monozygoten Zwillingen für das Auftreten somatoformer Symptomatik zeigen.

Schwerwiegende belastende Erlebnisse im frühen Kindesalter erzeugen ferner eine anhaltende Dysregulation des neurobiologischen Stresssystems, insbesondere der Hypothalamus-Hypophysen-Nebennierenrinden-Achse (HPA-Achse) (Heim et al. 2008). Damit steigt die Anfälligkeit für nachfolgende psychische Störungen im Allgemeinen, und im Speziellen auch für somatische Beschwerden (Heim et al. 2008).

Neurobiologisch konnten bei Patienten mit somatoformen Störungen (was sich entsprechend übertragen lässt auf die SBS) funktionelle Veränderungen in Hirnregionen nachgewiesen werden, die an der Verarbeitung von Schmerz, Emotionen und Interozeption beteiligt sind, wie z. B. im anterioren cingulären Cortex und der Insula (Henningsen et al. 2003; Van den Bergh et al. 2017). Zudem zeigen sich Hinweise auf eine erhöhte Aktivität des Sympathikus sowie Veränderungen im serotonergen System, was mit einer erhöhten Schmerzsensitivität korreliert (Tak et al. 2009).

Biologisch determiniert sind ferner bestimmte temperamentsnahe Anteile der Persönlichkeit. In diesem Kontext wurden alexithyme Eigenschaften sowie Defizite in der Emotionswahrnehmung mit dem Auftreten somatoformer Symptomatik assoziiert. Denn je schlechter die Fähigkeit, Gefühle wahrzunehmen und zu regulieren, umso eher werden affektive Zustände in somatische Symptome übertragen. Entsprechende Gedanken haben einst den Begriff der Konversionsstörungen geprägt.

Neurowissenschaftliche Untersuchungen belegen zudem, dass bei Menschen mit SBS die Verarbeitung von Körpersignalen in Hirnregionen wie dem Insularkortex, dem somatosensorischen Kortex und dem präfrontalen Kortex verändert ist (Rossetti et al. 2021; Schäfert et al. 2021). Diese veränderte Informationsverarbeitung kann zu einer übersteigerten Wahrnehmung harmloser körperlicher Signale führen.

Ergänzend wurde gezeigt, dass genetische Dispositionen, chronische Entzündungsprozesse und Hormonregulationsstörungen, etwa in der HPA-Achse, potenziell an der Entstehung beteiligt sein könnten. Allerdings ist die Evidenz hierfür bislang weniger eindeutig (Smakowski et al. 2024).

4.1.1 Predictive-Coding-Modell

Dieses neuere Modell zur Funktionsweise des Gehirns kann herangezogen werden, um die Symptomatik einer SBS zu erklären.

Das Modell geht davon aus, dass das Gehirn eine Art Vorhersagemaschine ist (Henningsen et al. 2018a). Das Gehirn versucht ständig vorherzusagen, was als Nächstes passieren wird, z. B. welche Sinneseindrücke eintreffen. Dazu bildet es ständig Erwartungen über den eigenen körperlichen Zustand, aber auch über die äußere Umwelt. Diese Vorhersagen über sich selbst und die Welt werden mit den tatsächlichen Sinnesdaten verglichen. Wenn reale Sinnesdaten und Vorhersage nicht übereinstimmen, sprechen wir von einem Vorhersagefehler.

Das Modell nimmt ferner an, dass das Gehirn hierarchisch organisiert ist. Vorhersagen werden Top-down konstruiert, d. h. höhere Hirnebenen (z. B. Assoziationskortex) bilden Vorhersagen darüber, *wie die eingehenden Sinnesdaten aussehen sollten.* Die realen Sinnesdaten werden in den Prozess integriert, wenn ein Vorhersagefehler auftritt. Dann werden also sogenannte Bottom-up-Signale der niedrigeren Ebenen (z. B. primärer sensorischer Kortex) in die mentale Verarbeitung mit einbezogen.

Was hat das Ganze mit der Somatischen Belastungsstörung zu tun?
Funktionelle somatische Beschwerden resultieren entsprechend des Modells aus einem Inferenzfehler, der sich aus zwei Komponenten zusammensetzt. Erstens bestimmte Erwartungen darüber, dass Körperbeschwerden auftreten, z. B. dass ein starkes Druckgefühl im Kopf entstehen wird. Dazu kommen zweitens unpräzise Sinnesdaten, d. h. unklare sensorische Signale. Dazu kommt dann noch ein weiterer Inferenzfehler, nämlich die dysfunktionale Interpretation, dass das entstehende Phänomen wirklich ein relevantes körperliches Symptom ist.

4.2 Psychologische Einflussfaktoren

4.2.1 Kognitiv Behaviorale Perspektive

Ein relevanter psychologischer Aspekt betrifft Überzeugungen von Betroffenen mit SBS über körperliche Funktionen und Krankheiten. Oftmals zeigen Patienten eine starke somatische Fixierung und deuten körperliche Empfindungen schnell als Hinweis auf eine schwerwiegende körperliche Erkrankung (Kapfhammer 2016).

Ferner werden kognitive Prozesse wie selektive Aufmerksamkeit und resultierendes übersteigertes „Bodyscanning" mit somatoformen Symptomen in Verbindung gebracht.

Zentral ist hierbei die sogenannte somatosensorische Verstärkung (siehe Kasten), die einen Teufelskreis aus Aufmerksamkeitslenkung und Symptomverstärkung beschreibt. Ausgangspunkt ist dabei eine verstärkte Wahrnehmung von

Signalen aus dem Körper, welche die meisten Menschen vermutlich gar nicht registrieren würden. Bei Menschen mit erhöhtem Risiko für SBS werden solche Signale jedoch bemerkt und katastrophisierend interpretiert. Dadurch entsteht Angst und resultierend eine physiologische Adaption. So entsteht leicht ein Teufelskreis in Richtung einer Symptomverstärkung.

▶ **Somatosensorische Verstärkung** Die somatosensorische Verstärkung beschreibt einen Teufelskreis, bei dem die Fokussierung der Aufmerksamkeit verstärkt auf normale körperliche Empfindungen (z. B. Herzklopfen) gerichtet ist, und die Empfindungen als bedrohlich fehlinterpretiert werden. Durch die resultierende Angst intensivieren sich die Symptome, was Wahrnehmung verstärkt darauf richtet und stärkere Angst erzeugt (Barsky et al. 1990).

Mögliche körperliche Ausgangspunkte der Symptomentstehung könnten sein

- Minimale organische Dysfunktionen, z. B. Darmträgheit, oder Bagatellerkrankungen wie Erkältungen
- Harmlose Schwellungen und Hautunregelmäßigkeiten, z. B. Ödeme, Leberflecken
- Autonome oder hormonelle Erregung, z. B. körperliche Komponenten von Gefühlsreaktionen
- Muskelverspannungen, z. B. Nacken- oder Rückenschmerz
- Hyperventilation, z. B. Schwindelgefühl, Benommenheit, Konzentrationsstörungen
- Inaktivität, z. B. Muskelkater, geringe körperliche Belastbarkeit, Herzklopfen
- Schlechter Schlaf, z. B. Müdigkeit, Benommenheit, Konzentrationsstörungen
- Physiologische Folgen von Speisen und Getränken, z. B. Verdauungsbeschwerden, Blähungen, Effekte von Alkohol – Kater, Entzug

Wenn Betroffene dann versuchen, diese Missempfindungen genauer zu beobachten, kann eine vermehrte Aufmerksamkeitszuwendung das Symptom weiter verstärken oder dessen Interpretation katastrophisierend verändern.

Zusammenfassend funktioniert der Teufelskreis-Prozess der somatosensorischen Verstärkung also wie folgt

1. Aufmerksamkeit lenken: Aufmerksamkeit wird intensiv auf einen bestimmten Körperbereich gelenkt.
2. Fehlinterpretation: Normalerweise unbemerkte Körperempfindungen werden als Zeichen einer schweren Krankheit oder zumindest einer Gefährdung gedeutet (z. B. Herzrasen nach Treppensteigen als Herzfehler).

3. Angst und Katastrophisieren: Dies löst Angst aus, die als „Katastrophisieren" (das Schlimmste annehmen) beschrieben wird.
4. Symptomverstärkung: Die Angst führt zur Ausschüttung von Stresshormonen, die die Symptome (z. B. Herzklopfen, Schwitzen) noch stärker machen.
5. Rückkopplung: Die verstärkten Symptome ziehen die Aufmerksamkeit erneut an, und der Zyklus beginnt von vorn, oft über Monate oder Jahre.

Bei einer SBS resultieren meist noch Veränderungen auf der Verhaltensebene, die zusätzlich eine Symptomverstärkung erzeugen:

- **Checking-Verhalten:** Intensivierte Selbstbeobachtung, was die Intensität der Beschwerden erhöht (Effekt von Aufmerksamkeitszuwendung). Ständiges Abtasten betroffener Körperstellen, Gesundheitssorgen und Grübeln, häufiges Schlucken bei Missempfindungen im Hals,
- **Ärzte-Hopping:** Häufige Arztbesuche, da fehlender körperlicher Befund eher auf Inkompetenz der Ärzte als auf fehlende körperliche Einschränkung attribuiert wird.
- **Schonverhalten:** Verhalten was zu verstärkter Aufmerksamkeitszuwendung führt sowie zu körperlichem Abbau durch mangelnde Bewegung, wodurch das Risiko, körperliche Probleme zu entwickeln, zusätzlich ansteigt.

Ein weiteres kognitiv-behaviorales Modell ist das Angst-Vermeidungs-Modell chronischer Schmerzen (Vlaeyen & Linton 2000). Das Modell geht von einer Fehlinterpretation von Schmerzen aus. Schmerz stellt für Betroffene ein Zeichen für eine körperliche Problematik im Sinne einer physiologischen Schädigung dar. Um diese auszuheilen, resultiert Schonverhalten, welches jedoch den individuellen Fitnesszustand verschlechtert, und dadurch zu einer Steigerung der körperlichen Anfälligkeit führt. Dies wiederum hält die negative Bewertung aufrecht, sodass auch hier ein dysfunktionaler Teufelskreis resultiert.

Ein weiteres Erklärungsprinzip für die Symptomatik einer SBS ist das Rückversicherungsverhalten Betroffener. Dies erfolgt bspw. in Form von häufigen Arztbesuchen. Aber auch bei Freunden und Verwandten über ähnliche Symptome nachzufragen, im Internet ausgiebig recherchieren, kann hier subsummiert werden, ebenso wie das typische Body-Scanning, wobei bestimmte Körperregionen wiederholt abgetastet (oder anderweitig überprüft) werden. Diese Rückversicherungen wirken alle immer nur kurzfristig und leiten dann die erneute Rückversicherung ein. Entscheidender aufrechterhaltender Mechanismus ist die *negative Verstärkung* im Sinne der kurzfristigen Angstreduktion. Auch dadurch entsteht ein Teufelskreis.

4.2.2 Psychodynamische Perspektive

Die historische Entwicklung der Erklärungsmodelle für die SBS basiert auf dem ehemaligen Konzept der Hysterie. Einer der ersten Vertreter des Hysteriekonzepts war Paul Briquet (1796–1881). Er beschrieb eine extreme Empfindlichkeit des Nervensystems für äußere Stimuli, die er verantwortlich machte für unterschiedlichste Schmerzsymptome. Jean-Martin Charcot (1825–1893) verstand die Symptomatik etwas später als neuromuskuläre Übererregung aufgrund von mentalen Faktoren, z. B. die unterbewusste Erwartung einer Wahrnehmung, die das eigene mentale Modell stützt (Confirmation Bias). Auf den Ideen von Charcot gründeten dann die Konzepte von Pierre Janet, der u. a. den Begriff der somatoformen **Dissoziation** einführte, und Sigmund Freud, der den Prozess der **Verdrängung und Konversion** beschrieb. Ausgangspunkt der hysterischen Symptombildung sei ein biologischer Triebwunsch (Es) sexueller Natur, der mit inneren oder äußeren Normen (Über-Ich) in Konflikt gerät. Das „Ich" nutzte den Mechanismus der Verdrängung, um diesen Konflikt zu lösen. Durch den wiederholt auftretenden Triebwunsch kann Verdrängung irgendwann nicht mehr aufrechterhalten werden und äußert sich verschlüsselt im körperlichen Symptom. So ist auch der Begriff der Konversionsstörung entstanden, welche die Lösung des intrapsychischen Konflikts durch Symptombildung beschreibt.

Das Konversionsmodell

Vor etwa 75 Jahren beschrieb Freud, dass eine unverträgliche „Vorstellung" dadurch unschädlich gemacht wird, indem deren Erregungssumme ins Körperliche umgesetzt werde (konvertiert). Das körperliche Symptom steht also stellvertretend für den seelischen Konflikt und stellt eine dysfunktionale Lösung dar.

Das Dissoziationsmodell

Ausgehend von den Schriften Pierre Janets hat das Dissoziationsmodell auch heute noch hohe Relevanz. Ein moderner Vertreter ist der niederländische Forscher Nijenhuis. Er beschreibt die Möglichkeit, dass durch traumatische Erfahrungen körperliche Symptome erzeugt werden können. Dies benennt er als „somatoforme Dissoziation" (Nijenhuis 2009).

Eine somatoforme Dissoziation äußert sich oft so, dass die Wahrnehmung (oder Steuerung) von bestimmten Körperfunktionen vorübergehend, teilweise abgekoppelt ist. Es kommt zu realen körperlichen Ausfällen wie Taubheit, fehlendem Schmerzempfinden, Zittern, Starre oder Bewegungsblockaden, ohne dass den Symptomen zugehörige, organische Ursachen gefunden werden können.

Unsichere Bindung

Auch die Bindungstheorien werden zur Erklärung von SBS herangezogen, was intuitiv plausibel erscheint. Durch eine persistierende dysfunktionale Bindungserfahrung fehlt dem Kind ein erwachsenes Gegenüber, welches die emotionale Entwicklung unterstützt und fördert. Das Kind hat kein gutes Modell für das eigene emotionale Erleben, und die Bezugsperson ist nicht stabil verfügbar, um die Wahrnehmung von Affekten des Kindes zu validieren. Es resultiert eine schlechte Affektwahrnehmung und folglich auch eine unzureichend ausgebildete Affektregulation. Nicht adäquat decodierte und angestaute Gefühle werden stattdessen als körperliche Phänomene erlebt.

4.3 Umweltfaktoren und sonstige Risikofaktoren

Belastungsfaktoren sind besonders prägend, wenn sie in der früheren Kindheit auftreten. Dadurch scheint das Risiko für psychische Störungen deutlich anzusteigen. Das gilt relativ global für die meisten psychischen Störungen. Solche Belastungsfaktoren sind frühe Traumatisierung, Vernachlässigung, Invalidierung oder emotionale Vernachlässigung. Diese Erlebnisse wirken sich langfristig auf die Verarbeitung von Stress im Gehirn aus.

Spezifischer für SBS könnten sich frühe Krankheitserfahrungen auswirken, die in der Folge mit gesteigerter Selbstbeobachtung einhergehen. Ebenso können familiäre Faktoren wie eine übermäßige Krankheitsfokussierung im Elternhaus oder eine geringe Emotionsregulation in der Familie die Entstehung körperbezogener Ängste fördern (Rief & Hiller 2006).

Auch belastende Lebensumstände in der Gegenwart, wie chronischer Stress, soziale Isolation oder Unsicherheit im Beruf, verstärken die Vulnerabilität. Solche psychosozialen Risikofaktoren wurden in zahlreichen Studien mit SBS nachgewiesen (Henningsen et al. 2007; Ma et al. 2022).

Soziale Risikofaktoren sind niedriger sozioökonomischer Status, Arbeitslosigkeit und geringer Bildungsstand. Diese Parameter werden immer wieder in Verbindung mit einem erhöhten Risiko für SBS genannt (Schäfert et al. 2021).

Epidemiologie und Verlauf 5

5.1 Prävalenzen und Geschlechterverhältnis

Die somatische Belastungsstörung (SBS) bzw. ihre internationalen Entsprechungen, Somatic Symptom Disorder (SSD) und Bodily Distress Syndrome (BDS), treten weltweit mit großer Häufigkeit auf. Verschiedene Studien belegen eine hohe Prävalenz sowohl in der Allgemeinbevölkerung als auch in klinischen Stichproben.

Ein Problem, welches es jedoch schwer macht, eindeutige Zahlen zu präsentieren, liegt in der Vielzahl der unterschiedlichen Konzepte. Viele Studien beziehen sich zudem auf die „alten" Diagnosen der somatoformen Störungen und noch nicht auf die neueren Nachfolge-Konzepte der Somatischen Belastungsstörung.

Da eine wesentliche Neuerung der Somatischen Belastungsstörung darin besteht, dass sowohl Patientinnen und Patienten mit medizinisch erklärbaren als auch mit medizinisch nicht erklärbaren Symptomen für die Diagnose infrage kommen, ist anzunehmen, dass die neue Diagnose der SBS deutlich häufiger diagnostiziert wird als die somatoformen Störungen (vgl. Limburg et al. 2016). Dies muss bei der Sichtung von Studien bedacht werden, da sich die meisten Studien noch auf die „alten" somatoformen Diagnosen beziehen.

▶ **Häufigkeit von Somatischen Belastungsstörungen** Da die Diagnose der SBS nicht mehr unterscheidet zwischen medizinisch erklärbaren und nicht erklärbaren somatischen Symptomen, wird die Prävalenz der neuen Diagnose deutlich höher sein, als es bei den

N. Kiene, T. Schnell, *Somatische Belastungsstörung*, essentials,
https://doi.org/10.1007/978-3-662-73379-0_5

Vorläufer-Diagnosen der Fall war. Bei diesen war noch gefordert, dass die Symptome medizinisch nicht erklärbar sind.

Dies muss bei Angaben zu Häufigkeiten im Diagnosespektrum Somatoform, SBS etc. immer bedacht werden.

Haller et al. (2015) haben internationale Studien aus den Jahren 1990 bis 2012 zu Patienten aus der Primärversorgung analysiert. Sie fanden Punktprävalenzen für die Diagnose einer Somatisierungsstörung zwischen 0,8 % und 5,9 %. Die weniger restriktiven Diagnosekriterien somatoformer Störungen führten zu höheren Prävalenzschätzungen. Mindestens eine somatoforme Störung nach DSM-IV oder ICD-10 wurde bei 26,2 % bis 34,8 % der allgemeinärztlichen Patienten festgestellt. Von den Patienten berichteten 40,2 % bis 49 % über mindestens ein medizinisch unerklärbares Symptom.

Weitere internationale Studien bestätigen diese Befunde: Eine multizentrische Studie in China fand bei ambulant behandelten Patienten eine Gesamtprävalenz für BDS von 26,8 %, wobei 5,8 % die Kriterien für ein Einzelorgan-BDS (lediglich ein Organsystem betroffen) und 20,9 % für ein Multiorgan-BDS (mehrere Organsysteme betroffen) erfüllten (Ma et al. 2022).

Bener et al. (2010) untersuchten Unterschiede in der Prävalenz somatoformer Störungen in einer Stichprobe katarischer Patienten primärer Gesundheitszentren. Die Häufigkeit somatoformer Erkrankungen in der gesamten analysierten Stichprobe betrug 23,9 %. bei katarischen Frauen lag die Prävalenzrate (24,2 %) leicht über der von katarischen Männern (23,7 %). Männer in Verwaltungspositionen (37,9 %) und Hausfrauen (43,5 %) hatten im Vergleich zu anderen Berufen eine höhere Anzahl somatischer Symptome. Rückenschmerzen hatten Männer am häufigsten, über Kopfschmerzen klagten eher Frauen. Die Untersuchung ergab, dass somatoforme Störungen in Katar genauso häufig vorkommen wie in früheren Studien in anderen Primärversorgungseinrichtungen. Die Prävalenz somatoformer Störungen war bei katarischen Frauen etwas höher als bei Männern (Bener et al. 2010).

5.2 Verlauf der Störung

Der Verlauf der somatischen Belastungsstörung (SBS) zeigt eine hohe Varianz, wobei ein nicht unerheblicher Anteil der Patienten einen chronischen Verlauf entwickelt.

In vielen Fällen beginnt die somatische Belastungsstörung bereits im jungen Erwachsenenalter, häufig nach belastenden Lebensereignissen oder andauernden Stressbelastungen. Typisch ist zunächst ein episodischer Verlauf, bei dem die Symptome phasenweise zunehmen und wieder abnehmen. Ohne angemessene therapeutische Intervention kann sich dieser Verlauf jedoch in eine dauerhafte Symptomatik mit progredienter Chronifizierung wandeln (Olde Hartman et al. 2009; Henningsen et al. 2018).

Einige Betroffene erleben eine relativ schnelle Besserung, insbesondere wenn frühzeitig eine Diagnosestellung erfolgt und gezielte psychoedukative oder psychotherapeutische Maßnahmen eingeleitet werden. Andere zeigen einen fluktuierenden Verlauf mit immer wiederkehrenden Symptomschüben, die häufig mit psychosozialen Belastungen in Verbindung stehen (Rief & Martin 2014).

Ein kleinerer Teil der Patienten entwickelt einen besonders schweren Verlauf, bei dem die körperlichen Beschwerden mit ausgeprägten Einschränkungen der Arbeitsfähigkeit und sozialen Teilhabe einhergehen. Hier kommt es oft zu sekundärer Komorbidität mit anderen psychischen Störungen wie Depressionen und/oder Angststörungen (Löwe et al. 2008; Henningsen et al. 2018).

Der individuelle Verlauf der somatischen Belastungsstörung kann auf eine Vielzahl von Risikofaktoren zurückgeführt werden:

Störungsspezifische Faktoren und Komorbiditäten

Die Prognose hängt auch von der Anzahl und Art der Symptome bei Erkrankungsbeginn ab. Viele unspezifische körperliche Beschwerden, wie Schmerzen, Magen-Darm-Beschwerden oder Schwindel, bilden einen Risikofaktor für eine negative Entwicklung. Eine frühzeitige Diagnose inkl. des Einleitens einer interdisziplinären Behandlung kann zudem einer Chronifizierung entgegenwirken (Kroenke & Rosmalen 2006).

Art und Anzahl komorbider Störungen zeigen sich in epidemiologischen Studien zu psychischen Störungen mit deren Schwere und einem ungünstigen Verlauf der Referenzstörung assoziiert. Bei der SBS gilt das ebenso. Insbesondere scheinen sekundäre komorbide Angststörungen oder Depressionen prognostisch ungünstig zu sein. Das gilt insbesondere für eine unbehandelte Depression (Löwe et al. 2008; olde Hartman et al. 2009; Henningsen et al. 2018).

Persönlichkeit und Krankheitswahrnehmung und -verarbeitung

Bestimmte Persönlichkeitsmerkmale, wie emotionale Instabilität, abhängige und vermeidende Persönlichkeitsmerkmale, wurden mit einem chronischen Verlauf assoziiert (Medina-Vidales et al. 2015). Die emotionale Belastbarkeit ist dadurch reduziert und die Motivation zur aktiven Auseinandersetzung mit psychosomatischen Erklärungsansätzen ist gehemmt. Ebenso scheinen eine erhöhte Schmerzempfindlichkeit oder eine Tendenz zur somatischen Verstärkung (verstärkte Wahrnehmung und Überinterpretation körperlicher Signale) die Anfälligkeit für eine Chronifizierung der Beschwerden zu erhöhen (AWMF 2018).

Weitere Faktoren, die einen ungünstigen Verlauf erklären, sind passive Bewältigungsstrategien, wie ein Verharren in angstvollem Grübeln. Die aktive Auseinandersetzung mit der Erkrankung, z. B. durch Verhaltenstherapie, gestaltet den Krankheitsverlauf günstiger (Kroenke & Rosmalen 2006).

Biografische Prägungen

Die Anzahl und Art biografischer Belastungen ist mit ungünstigem Verlauf assoziiert. Insbesondere emotionale Vernachlässigung im frühen Kindesalter scheint ein prognostisch ungünstiger Faktor zu sein (Rief & Martin 2014). Aber auch frühe Gewalt oder Missbrauch, chronische Invalidierung in der Kindheit wirken sich ungünstig aus, sowie jede Form von früher und intensiver Belastung haben einen negativen Einfluss auf die Resilienz einer Person.

Insbesondere elterliche Vernachlässigung kann zu verminderter affektiver Selbstregulation führen. Betroffene lernen ohne ein validierendes Gegenüber nicht, eigene Gefühle zu identifizieren, anzunehmen und zu regulieren. Dadurch steigt die Neigung, emotionalen Stress durch physische Symptome auszudrücken (Felitti et al. 1998; McEwen 2000; Masten 2001).

Soziales Umfeld

Auch eine stabile soziale Einbettung ist prädiktiv für einen günstigen Verlauf. Fehlt diese Unterstützung, steigt die Wahrscheinlichkeit einer chronischen Krankheitsentwicklung (Rief & Martin 2014) (Tab. 5.1).

Tab. 5.1 Verschiedene Verläufe und wichtige Einflussfaktoren bei der somatischen Belastungsstörung

Verlaufstyp	Merkmale	Einflussfaktoren
Besserung nach Therapie	Symptombesserung nach kurzer Zeit, gute Therapierbarkeit	Frühe Diagnostik, aktive Bewältigungsstrategien
Fluktuierender Verlauf	Wechsel von symptomarmen und symptomreichen Phasen	Psychosoziale Belastungen, aktueller Stress
Chronischer Verlauf	Anhaltende Symptome trotz Behandlung, Alltagsbeeinträchtigung	Viele Symptome zu Beginn, passive Krankheitswahrnehmung
Schwerer Verlauf mit Komorbidität	Schwere körperliche Beschwerden plus Depression/ Angststörung	Frühe Traumatisierung, fehlende soziale Unterstützung

(Eigenständig erstellt vom Autor dieses Bands)

Verlauf von Somatischen Belastungsstörungen

Zusammenfassend kann sich der Verlauf der somatischen Belastungsstörung durchaus unterschiedlich gestalten. Das Spektrum reicht von kurzfristigen Beschwerden bis hin zu schweren, langfristigen Leidenszuständen. Eine frühe Diagnose, individualisierte Therapieplanung und ein interdisziplinärer Behandlungsansatz können ungünstige Verläufe verhindern oder abmildern (AWMF 2018). Darüber hinaus gilt wie bei den meisten psychischen Störungen, dass das Vorhandensein individueller Resilienzfaktoren und eine günstige Krankheitsverarbeitung hilfreich wirken.

Behandlungsmöglichkeiten 6

6.1 Psychotherapie

Evidenzbasierte und Erfolg versprechende Behandlungsoptionen der somatischen Belastungsstörung sind Kognitive Verhaltenstherapie (KVT) (Kapfhammer 2017) und die verhaltenstherapeutische Weiterentwicklung im Sinne der Akzeptanz- und Commitment-Therapie (ACT) (Hayes et al. 2012).

KVT verändert dysfunktionale Denkmuster und Verhaltensweisen, die dazu beitragen, dass die Beschwerden persistieren. Mittels kognitiver Umstrukturierung werden katastrophisierende Gedanken über körperliche Symptome identifiziert und überprüft. Betroffene lernen, dass körperliche Symptome nicht unbedingt Anzeichen für eine schwerwiegende organische Erkrankung sind, sondern mit psychischen Prozessen in Verbindung stehen können. Typische Denkfehler, wie die Überbewertung von Symptomen oder die Annahme einer schweren Erkrankung bei harmlosen Beschwerden werden durch realistischere Einschätzungen ersetzt. Hierdurch kann die Angst vor den Symptomen reduziert und die Wahrnehmung körperlicher Empfindungen verändert werden (Henningsen 2018b; Rief & Martin 2014).

Auf der Verhaltensebe wird Vermeidungsverhalten reduziert. Insbesondere ein dysfunktionales Schonverhalten soll abgebaut werden und körperliche Aktivität soll systematisch gesteigert werden.

Zudem erfolgt die Planung von zeitkontingenten anstelle von symptomorientierten Arztbesuchen (d. h. nicht sofort zum Arzt gehen, wenn irgendwo etwas unangenehm ist, sondern in sinnvollen regelmäßigen Abständen). So soll einem Ärztehopping und übermäßigen Arztbesuchen entgegengewirkt werden.

N. Kiene, T. Schnell, *Somatische Belastungsstörung*, essentials,
https://doi.org/10.1007/978-3-662-73379-0_6

In vielen Fällen wird zudem eine Expositionstherapie eingesetzt. Dabei werden Betroffene systematisch angstauslösenden Situationen oder Empfindungen ausgesetzt, die sie bisher vermieden haben. Durch diese Konfrontation in einem kontrollierten Rahmen lernen sie, dass die befürchteten Konsequenzen meist ausbleiben oder wenige16). Dies ist u. a. rückfallprophylu einer langfristigen Angstreduktion führt (Schröder et al. 2012).

Im Fokus der ACT steht eine zu erlernende, annehmende, achtsame und akzeptierende Haltung gegenüber schwer zu verändernden unangenehmen Empfindungen. Dadurch reduziert sich das Stresserleben, sodass in letzter Konsequenz meist ebenso die Symptomreduktion steht. Ferner soll eine Lebensführung implementiert werden, die sich an persönlichen wichtigen Werten orientiert (Trompetter et al. 2016). Dies ist u. a. rückfallprophylaktisch relevant, denn wer ein werteorientiertes und aktives Leben führt, ist deutlich weniger fokussiert auf ein eventuelles Ziehen oder Brennen in der Magengegend.

Die moderne KVT hat sich insgesamt deutlich von ihren alten, schulenspezifischen Schablonen befreit. Allerdings nicht in dem Sinne, dass die klassischen Standardmethoden nicht mehr bedeutsam wären. Vielmehr findet eine sinnvolle Integration hilfreicher Interventionen aus anderen Schulen statt, dadurch begründet, dass auch Störungsmodelle der heutigen KVT schulenübergreifend einem biopsychosozialen Krankheitsverständnis folgen (Schaefert et al. 2021).

▶ **Behandlung der Somatischen Belastungsstörung** Evidenzbasierte Therapie der ersten Wahl bei der Somatischen Belastungsstörung ist die KVT und ihre moderne Weiterentwicklung in Form der Akzeptanz- und Commitment-Therapie (ACT).

Während die KVT stark auf Veränderung im Denken und Verhalten abzielt, ist bei ACT der Fokus eher auf Akzeptanz und der Förderung einer achtsamen und annehmenden Haltung.

Eine achtsame Haltung zu entwickeln ist in anderen Ansätzen zur Behandlung der Somatischen Belastungsstörung zentrales Element, wie in der *Mindfulness-Based Stress Reduction* (MBSR) nach Jon Kabat-Zinn oder *Mindfulness-Based Cognitive Therapy* (MBCT). In Studien konnten dadurch signifikante Effekte auf die Reduktion von Symptomschwere, Stressreaktionen und Grübelprozessen erzielt werden, die zentral sind bei der Somatischen Belastungsstörung (Lakhan & Schofield 2013). Durch achtsame Körperwahrnehmung wird eine veränderte Haltung zu körperlichen Empfindungen ermöglicht, hin zu einer akzeptierenden und nicht katastrophisierenden Wahrnehmung.

Zuletzt werden auch körperorientierte Ansätze erfolgreich eingesetzt, z. B. Physiotherapie, Yoga, Biofeedback oder Tanz- und Bewegungstherapie. Ziel ist es, ein positives Körpererleben zu fördern, Körperbewusstsein zu stärken und so dysfunktionale Reaktionen auf Körpersymptome zu verändern (Michalak et al. 2020).

Bei Patienten, die konventionelle Psychotherapie ablehnen, werden zunehmend E-Health-Interventionen erfolgreich eingesetzt, also internet- oder App-basierte Therapien, welche die erfolgreichen KVT- oder achtsamkeitsbasierten Interventionen digital vermitteln. Diese können niedrigschwellig und ortsunabhängig genutzt werden (Ebert & Baumeister 2021).

6.2 Pharmakotherapie

Bei der Behandlung der Somatischen Belastungsstörung kann eine pharmakologische Intervention sinnvoll sein, wenn komorbide affektive oder Angststörungen vorliegen. Eine primäre medikamentöse Therapie ist nicht die erste Wahl. Sie kann additiv zur Psychotherapie eingesetzt werden, insbesondere wenn die Erfolge der Psychotherapie nicht befriedigend sind (Hausteiner-Wiehle 2024).

In den genannten Fällen werden moderne Antidepressiva eingesetzt (insbesondere SSRI). Da diese psychischen Begleitbeschwerden die Wahrnehmung und Interpretation der somatischen Symptomatik beeinflussen, wirkt eine erfolgreiche Therapie von Angst und Depression auch positiv auf die Wahrnehmung der körperlichen Symptome (Rief & Martin 2014; Henningsen et al. 2007).

Trizyklische Antidepressiva (TZA) können auch bei chronischen Schmerzen oder Reizdarmsymptomatik positive Wirkungen entfalten (Ford et al. 2019).

Die Evidenzlage zur Wirksamkeit pharmakologischer Therapien ist jedoch heterogen und wird kontrovers diskutiert. Insbesondere ihr spezifischer Nutzen bei rein somatischer Symptomatik ist nicht eindeutig belegt (Henningsen et al. 2007). Zudem ist die Adhärenz der Patienten oft eingeschränkt, da sie sich gegen eine psychische Deutung der Symptome sträuben und psychotrope Medikamente ablehnen (Rief & Broadbent 2007). Dazu kommt, dass die Medikamente häufig körperliche Nebenwirkungen haben, was die somatische Symptomatik ungünstig beeinflussen kann. Der Einbezug der Patienten in die Entscheidung über eine medikamentöse Behandlung ist daher essenziell (Henningsen et al. 2007).

6.3 Kritische Betrachtung der vorhandenen Behandlungsmethoden

Auch wenn es verschiedene auf Evidenz basierende Therapieformen gibt, profitieren viele Patienten nur geringfügig oder lehnen Therapieangebote ab (Henningsen et al., 2007; Rief & Broadbent 2007). Ein wesentliches Problem ist, dass zahlreiche vorhandene Behandlungsmethoden lediglich auf eine Disziplin beschränkt sind: entweder ausschließlich psychotherapeutisch oder somatisch-medizinisch. Bei vorliegenden Patienten mit sowohl somatischen als auch psychologischen Symptomen ist diese Trennung aber nicht zielführend. Patienten fühlen sich oft nicht ernst genommen, wenn nur psychotherapeutische Methoden angewendet werden. Dies kann zu einer geringeren Bereitschaft zur Therapie oder zu einem frühzeitigen Therapieabbruch führen (Creed et al. 2011).

Ein weiterer kritischer Punkt ist die ärztlich-patientenzentrierte Kommunikation. Studien zeigen, dass es häufig zu Missverständnissen und Vertrauensverlust kommt, wenn Ärzte psychische Erklärungsansätze betonen, während Patienten weiterhin eine somatische Ursache für ihre Beschwerden vermuten (Kroenke & Rosmalen 2006). Dies kann zu einer Chronifizierung der Beschwerden und zu einem übermäßigen Konsum medizinischer Leistungen führen (Rief & Broadbent 2007).

In vielen Gesundheitssystemen mangelt es an standardisierten, integrierten Versorgungsmodellen, die eine koordinierte und interdisziplinäre Behandlung ermöglichen. Häufig werden Patienten zwischen Allgemeinmedizin, Fachärzten und Psychotherapie hin- und her verwiesen, ohne dass ein gemeinsam getragener Therapiepfad existiert (Creed et al. 2011).

7 Kritisches Fazit und offene Fragen

Ein Kritikpunkt ist die geringe diagnostische Schärfe des SSD-Konzepts. Die Diagnose kann bei nahezu allen chronisch kranken Menschen gestellt werden, sobald sie emotional belastet sind, selbst dann, wenn die Beschwerden medizinisch gut begründbar sind. Dies birgt die Gefahr einer Überpathologisierung normaler Krankheitsverarbeitung (Frances 2013; Rief & Martin 2014). Denn die Frage, ab wann gesundheitsbezogene Sorgen psychopathologisch relevant sind, lässt sich nur schwer eindeutig quantifizieren (Frances 2013).

Ein weiteres Problem ist die schwierige Abgrenzung ggü. anderen psychischen Störungen wie Krankheitsangststörungen oder affektiven Störungen mit somatischer Symptomatik. Die diagnostischen Kriterien sind innerhalb dieser Differenzialdiagnostik gering trennscharf, was die Interrater-Reliabilität reduziert (Gureje et al. 1997).

Die Kommunikation der Diagnose kann zu Beziehungsproblemen zwischen Behandelnden und Patienten führen. Die Betonung der psychischen Mitverursachung somatischer Probleme kann Reaktanz erzeugen und weitere Facharztbesuche begünstigen, auf der Suche nach „dem richtigen Experten, der endlich die richtige Diagnose stellt".

Hinsichtlich der Behandlungskonzepte ist wie bei sehr vielen psychischen Störungen Bedarf an sog. Dismantling-Studien. Das sind Studien, die bei komplexen Therapieprogrammen, meist bestehend aus diversen Interventionen, effektive von weniger effektiven Behandlungselementen differenzieren. In den meisten Studien werden komplexe Therapiekonzepte hinsichtlich ihrer Wirksamkeit untersucht. Unklar bleibt aber die Frage, welche Elemente der Therapie hilfreich sind. Kogni-

N. Kiene, T. Schnell, *Somatische Belastungsstörung*, essentials, https://doi.org/10.1007/978-3-662-73379-0_7

tive Umstrukturierung, Aufgabe von Schonverhalten, Exposition, Achtsamkeit? Ebenso unklar ist, ob es bestimmte Subgruppen innerhalb der heterogenen SSD-Betroffenengruppe gibt, für die bestimmte Interventionen besonders oder besonders wenig geeignet sind.

Was Sie aus diesem *essential* mitnehmen können

- Die Somatische Belastungsstörung bzw. das entsprechende ICD-11-Konzept ist das Ergebnis eines Paradigmenwechsels. Nicht die medizinisch unerklärbare Symptomatik ist nunmehr diagnostisch entscheidend, sondern das psychologische und funktionale Störungsprofil.
- Eine fehlende somatische Erklärung ist keine zwingende Voraussetzung. Für die Diagnose sind anhaltende körperbezogene Beschwerden, Empfindungen mit disproportionalen krankheitsbezogenen Gedanken, Emotionen, Verhaltensweisen und relevanter Alltagsbeeinträchtigung zentral.
- Verlauf und Aufrechterhaltung werden unter anderem durch krankheitsbezogene Kognitionen, frühe Beziehungserfahrungen (und Belastungen), Komorbiditäten und möglichen verstärkenden Versorgungserfahrungen beeinflusst.
- Die Differenzialdiagnose ist anspruchsvoll, vor allem gegenüber depressiven Störungen, sowie Angst – und Zwangsstörungen. Es ist eine strukturierte somatische Abklärung und eine Einordnung des psychologischen Reaktionsmusters auf die Symptome vonnöten.
- Bleibt die Somatische Belastungsstörung unbehandelt, besteht die Gefahr der Chronifizierung. Je länger die SBS besteht, desto wahrscheinlicher wird die Rückfallneigung.
- Trotz oft ungünstigen Verlauf sind verfügbare evidenzbasierte psychotherapeutische Behandlungen wirksam.
- Das Konzept wird weiterhin kritisch diskutiert, insbesondere was die Pathologisierung von angemessenen Krankheitssorgen betrifft.

N. Kiene, T. Schnell, *Somatische Belastungsstörung*, essentials,
https://doi.org/10.1007/978-3-662-73379-0

Literatur

American Psychiatric Association. (1994). *Diagnostic and statistical manual of mental disorders* (4. Aufl.). American Psychiatric Association.

American Psychiatric Association. (2013). *Diagnostic and statistical manual of mental disorders* (5. Aufl.). American Psychiatric Association.

Andreski, P., Chilcoat, H., & Breslau, N. (1998). Post-traumatic stress disorder and somatization symptoms: A prospective study. Psychiatry Research, 79(2), 131–138.

AWMF. (2018). Langfassung S3 Leitlinie „Funktionelle Körperbeschwerden" AWMF-Reg. Nr. 051-001 S3 Leitlinie „Funktionelle Körperbeschwerden" AWMF-Reg.-Nr. 051-001 LANGFASSUNG. https://register.awmf.org/assets/guidelines/051-001l_S3_Funktionelle_Koerperbeschwerden_2018-11-abgelaufen.pdf

Barsky, A. J., & Wyshak, G. (1990). Hypochondriasis and somatosensory amplification. *The British Journal of Psychiatry, 157*(3), 404–409. https://doi.org/10.1192/bjp.157.3.404

Barsky, A. J., & Borus, J. F. (1999). Functional somatic syndromes. Annals of Internal Medicine, 130(11), 910–921.

Barsky, A. J., Orav, E. J., & Bates, D. W. (2005). Somatization increases medical utilization and costs independent of psychiatric and medical comorbidity. Archives of General Psychiatry, 62(8), 903–910.

Bener, A., Ghuloum, S., & Burgut, T. (2010). Gender differences in prevalence of somatoform disorders in patients visiting primary care centers. *Journal of Primary Care & Community Health, 1*(1), 37–42.

Böhme, K., Henning, M., & Hennemann, S. (2019). Medizinisch unerklärten körperlichen Beschwerden auf der spur. *InFo Neurologie & Psychiatrie, 21*, 38–51.

Budtz-Lilly, A., Fink, P., Ørnbøl, E., Vestergaard, M., Moth, G., Christensen, K. S., & Rosendal, M. (2015). A new questionnaire to identify bodily distress in primary care: The 'BDS checklist'. *Journal of Psychosomatic Research, 78*(6), 536–545.

Creed, F., Henningsen, P., & Fink, P. (2011). Medically unexplained symptoms, somatisation and bodily distress: Developing better clinical services. Cambridge University Press.

Dimsdale, J. E., Creed, F., Escobar, J., Sharpe, M., Wulsin, L., Barsky, A., Lee, S., Irwin, M. R., & Levenson, J. (2013). Somatic symptom disorder: an important change in DSM. Journal of psychosomatic research, 75(3), 223–228.

N. Kiene, T. Schnell, *Somatische Belastungsstörung*, essentials,
https://doi.org/10.1007/978-3-662-73379-0

Dimsdale, J. E., Creed, F., Escobar, J., Sharpe, M., Wulsin, L., Barsky, A., Lee, S., & Irwin, M. R. (2014). Somatic symptom disorder: An important change in DSM. Journal of Psychosomatic Research, 76(5), 339–345.

D'Souza, R. S. & Hooten, W. M. (2023). Somatic symptom disorder. In StatPearls. StatPearls Publishing. https://www.ncbi.nlm.nih.gov/books/NBK532253/

Ebert, D. D., & Baumeister, H. (2021). E-mental health: Internet- und mobilbasierte Interventionen in der Psychotherapie. In J. Hoyer & S. Knappe (Hrsg.). *Klinische Psychologie und Psychotherapie* (§. Aufl., S. 741–755). Springer.

Felitti, V. J., Anda, R. F., Nordenberg, D., Williamson, D. F., Spitz, A. M., Edwards, V., Koss, M. P., & Marks, J. S. (1998). Relationship of childhood abuse and household dysfunction to many of the leading causes of death in adults. The Adverse Childhood Experiences (ACE) Study. American journal of preventive medicine, 14(4), 245–258.

Fink, P., & Schröder, A. (2010). One single diagnosis, bodily distress syndrome, succeeded to capture 10 diagnostic categories of functional somatic syndromes and somatoform disorders. *Journal of Psychosomatic Research, 68*(5), 415–426.

Ford, A. C., Lacy, B. E., Harris, L. A., Quigley, E. M. M., & Moayyedi, P. (2019). Effect of antidepressants and psychological therapies in irritable bowel syndrome: An updated systematic review and meta-analysis. The American Journal of Gastroenterology, 114(1), 21–39.

Frances A. (2013). The new somatic symptom disorder in DSM-5 risks mislabeling many people as mentally ill. BMJ (Clinical research ed.), 346, f1580.

Gureje, O., Simon, G. E., Ustun, T. B., & Goldberg, D. P. (1997). Somatization in cross-cultural perspective: A World Health Organization study in primary care. *American Journal of Psychiatry, 154*(7), 989–995.

Haller, H., Cramer, H., Lauche, R., et al. (2015). Somatoforme Störungen und medizinisch unerklärbare Symptome in der Primärversorgung. Systematischer Review und Metaanalyse der Prävalenzen. *Deutsches Ärzteblatt International, 112,* 279–287. https://doi.org/10.3238/arztebl.2015.0279

Hausteiner-Wiehle, C. (2024). Krank, weil der Körper (sich) beschwert: von somatoformen Störungen der ICD-10 zur somatischen Belastungsstörung der ICD-11. *PiD. Psychotherapie im Dialog, 25,* 26–33.

Hayes, S. C., Strosahl, K. D., & Wilson, K. G. (2012). Acceptance and commitment therapy: The process and practice of mindful change (2nd ed.). Guilford Press.

Heim, C., Shugart, M., Craighead, W. E., & Nemeroff, C. B. (2008). Neurobiological and psychiatric consequences of child abuse and neglect. *Developmental Psychobiology, 50*(7), 671–690.

Henningsen, P., Zipfel, S., & Herzog, W. (2007). Management of functional somatic syndromes. Lancet (London, England), 369(9565), 946–955.

Henningsen, P. (2018). Management of somatic symptom disorder. *Dialogues in Clinical Neuroscience, 20*(1), 23–31.

Henningsen, P., Zimmermann, T., & Sattel, H. (2003). Medically unexplained physical symptoms, anxiety, and depression: a meta-analytic review. Psychosomatic medicine, 65(4), 528–533.

Hiller, W., & Rief, W. (2014). Die Abschaffung der somatoformen Störungen durch DSM-5 – Ein akademischer Schildbürgerstreich? *Psychotherapeut, 59*, 448–455.

Kapfhammer, H.-P. (2016). Somatoforme Störungen – somatoforme Belastungsstörung und verwandte Störungen. *Psychiatrie, Psychosomatik, Psychotherapie* (S. 1–155). Springer.

Kapfhammer, H.-P. (2017). Psychische Störungen bei somatischen Krankheiten. In H.-J. Möller, G. Laux, & H.-P. Kapfhammer (Hrsg.), *Psychiatrie, Psychosomatik, Psychotherapie*. (5. Aufl., S. 2693–2805). Springer.

Kroenke K. (2003). Patients presenting with somatic complaints: epidemiology, psychiatric comorbidity and management. International journal of methods in psychiatric research, 12(1), 34–43.

Kroenke, K., & Rosmalen, J. G. (2006). Symptoms, syndromes, and the value of psychiatric diagnostics in patients who have functional somatic disorders. *Medical Clinics, 90*(4), 603–626.

Lakhan, S. E., & Schofield, K. L. (2013). Mindfulness-based therapies in the treatment of somatization disorders: A systematic review and meta-analysis. *PLoS One, 8*(8), e71834.

Lewis-Fernández, R., Aggarwal, N. K., Bäärnhielm, S., Rohlof, H., Kirmayer, L. J., Weiss, M. G., Jadhav, S., Hinton, L., Alarcón, R. D., Bhugra, D., Groen, S., van Dijk, R., Qureshi, A., Collazos, F., Rousseau, C., Caballero, L., Ramos, M., & Lu, F. (2014). Culture and psychiatric evaluation: operationalizing cultural formulation for DSM-5. Psychiatry, 77(2), 130–154.

Limburg, K., Sattel, H., Radziej, K., & Lahmann, C. (2016). DSM-5 somatic symptom disorder in patients with vertigo and dizziness symptoms. *Journal of Psychosomatic Research, 91*, 26–32.

Liu, J., Gill, N. S., Grbavac, A., Mukherjee, B. & Yeung, A. (2019). The efficacy of cognitive behavioural therapy in somatoform disorders and medically unexplained physical symptoms: A meta-analysis of randomized controlled trials. Journal of Affective Disorders, 245, 98–112. https://doi.org/10.1016/j.jad.2018.10.114

Löwe, B., Spitzer, R. L., Williams, J. B. W., Mussell, M., Schellberg, D., & Kroenke, K. (2008). Depression, anxiety and somatization in primary care: Syndrome overlap and functional impairment. *General Hospital Psychiatry, 30*(3), 191–199.

Löwe, B., Levenson, J., Depping, M., Hüsing, P., Kohlmann, S., Lehmann, M., Shedden-Mora, M., Toussaint, A., Uhlenbusch, N., & Weigel, A. (2022). Somatic symptom disorder: a scoping review on the empirical evidence of a new diagnosis. Psychological medicine, 52(4), 632–648.

Ma, J., Zheng, L., & Ran Chen, R., et al. (2022). A multicenter study of bodily distress syndrome in Chinese outpatient hospital care: prevalence and associations with psychosocial variables. *BMC Psychiatry*, *22*(733), 1–8.

Masten, A. S. (2001). Ordinary magic: Resilience processes in development. American Psychologist, 56(3), 227–238.

McEwen, B. S. (2000). Allostasis and allostatic load: Implications for neuropsychopharmacology. Neuropsychopharmacology, 22(2), 108–124.

Medina-Vidales, G., Garza-Guerrero, C., & Ibarra-Patron, C. (2015). Case report: Diagnostic reconceptualization in the DSM-V. *Medicina Universitaria, 17*(67), 102–107.

Michalak, J., Lumma, A.-L., & Heidenreich, T. (2020). Die Rolle des Körpers im Rahmen achtsamkeitsbasierter Ansätze. In H. Bents, M. Gschwendt, & J. Mander (Hrsg.), *Achtsamkeit und Selbstmitgefühl* (S. 83–94). Springer.

Nijenhuis, E. R. S. (2009). Somatoform dissociation and somatoform dissociative disorders. In P. F. Dell & J. A. O'Neil (Hrsg.), *Dissociation and dissociative disorders: DSM-IV and beyond* (S. 259–277). Routledge.

olde Hartman, T. C., Borghuis, M. S., Lucassen, P. L., van de Laar, F. A., Speckens, A. E., & van Weel, C. (2009). Medically unexplained symptoms, somatisation disorder and hypochondriasis: course and prognosis. A systematic review. Journal of psychosomatic research, 66(5), 363–377.

Rief, W., Hiller, W. & Margraf, J. (1998). Cognitive aspects of hypochondriasis and the somatization syndrome. Journal of Abnormal Psychology, 107(4), 587–595. https://doi.org/10.1037/0021-843x.107.4.587

Rief, W., & Hiller, W. (2006). Somatoforme Störungen. In W. Beiglböck, S. Feselmayer, & E. Honemann (Hrsg.), *Handbuch der klinisch-psychologischen Behandlung* (2. Aufl., S. 323–342). Springer.

Rief, W., & Broadbent, E. (2007). Explaining medically unexplained symptoms-models and mechanisms. Clinical psychology review, 27(7), 821–841.

Rief, W., & Martin, A. (2014). How to use the new DSM-5 somatic symptom disorder diagnosis in research and practice: A critical evaluation and a proposal for modifications. *Annual Review of Clinical Psychology, 10*, 339–367.

Rossetti, M. G., Delvecchio, G., Calati, R., Perlini, C., Bellani, M., & Brambilla, P. (2021). Structural neuroimaging of somatoform disorders: A systematic review. Neuroscience and biobehavioral reviews, 122, 66–78.

Schäfert, R., Roenneberg, C., Sattel, H., Henningsen, P., & Hausteiner-Wiehle, C. (2021). Funktionelle Körperbeschwerden und somatische Belastungsstörungen – Leitlinienbasiertes management. *Swiss Archives of Neurology, Psychiatry and Psychotherapy, 172*(w03185), 1–15.

Schneider, W., Dohrenbusch, R., Freyberger, H. J., et al. (2016). *Begutachtung bei psychischen und psychosomatischen Erkrankungen* (2. Aufl.). Hogrefe.

Schnell. (2014). *Moderne kognitive Verhaltenstherapie bei schweren psychischen Störungen.* Springer.

Schröder, A., Ørnbøl, E., & Fink, P. (2012). Cognitive-behavioural group treatment for a range of functional somatic syndromes: Randomised trial. *The British Journal of Psychiatry, 200*(6), 499–507.

Smakowski, A., Hüsing, P., Völcker, S., et al. (2024). Psychological risk factors of somatic symptom disorder: A systematic review and meta-analysis of cross-sectional and longitudinal studies. *Journal of Psychosomatic Research, 181*, 111608.

Tak, L. M., Riese, H., de Bock, G. H., Manoharan, A., Kok, I. C., & Rosmalen, J. G. (2009). As good as it gets? A meta-analysis and systematic review of methodological quality of heart rate variability studies in functional somatic disorders. Biological psychology, 82(2), 101–110.

Toussaint, A., Hüsing, P., Gumz, A. et al. (2020). Sensitivity to change and minimal clinically important difference of the 7-item generalized anxiety disorder questionnaire (GAD-7). *Journal of Affective Disorders, 265,* 395–401.

Trompetter, H. R., Bohlmeijer, E. T., Lamers, S. M. A., & Schreurs, K. M. G. (2016). Positive psychological Well-being is required for online self-help acceptance and commitment therapy for chronic pain to be effective. *Frontiers in Psychology, 7,* Article 353, 1–9.

Van den Bergh, O., Witthöft, M., Petersen, S., & Brown, R. J. (2017). Symptoms and the body: Taking the inferential leap. Neuroscience & Biobehavioral Reviews, 74, 185–203.

Vlaeyen, J. W. S., & Linton, S. J. (2000). Fear-avoidance and its consequences in chronic musculoskeletal pain: A state of the art. *Pain, 85*(3), 317–332. https://doi.org/10.1016/S0304-3959(99)00242-0

WHO (2019). International classification of diseases for mortality and morbidity statistics (11th revision). WHO.

World Health Organization. (1992). *The ICD-10 classification of mental and behavioural disorders: Clinical descriptions and diagnostic guidelines*. World Health Organization.

Zeitfracht Medien GmbH
Ferdinand-Jühlke-Straße 7
99095 Erfurt, Deutschland
produktsicherheit@kolibri360.de